驾校经营管理三部曲

驾校转型启示录

南新华　编著

机械工业出版社

随着驾校数量的不断增长，驾培市场由短缺经济、卖方市场转化为过剩经济、买方市场，量变引起质变，"无形的手"在推动驾校经营管理的转型。随着公安部、交通运输部《关于推进机动车驾驶人培训考试制度改革的意见》的出台，驾培改革拉开了序幕，"政策之手"在引导驾校经营管理的转型。转型是大势所趋，不以个人的意志为转移。本书对驾校转型中成功的经验与失败的教训进行了总结，对转型中的价格混战、合作共赢、网络风波、挂靠演变等关系到驾校生存与发展的各种现象进行了剖析，从而揭示出驾校转型源于市场的颠覆性变化，并提出驾校转型要实现的两个回归——回归"企业"、回归"教育"；要跨越的四道门槛——队伍的职业化、服务的精细化、经营的差异化、招生的立体化。这是一本给驾校投资者、经营管理者、从业者和驾培行业管理者阅读的书。

图书在版编目（CIP）数据

驾校转型启示录／南新华编著．—北京：机械工业出版社，2021.1

（驾校经营管理三部曲）

ISBN 978-7-111-67297-5

Ⅰ.①驾… Ⅱ.①南… Ⅲ.①汽车驾驶员-培训-学校管理-研究-中国 Ⅳ.①U471.3

中国版本图书馆 CIP 数据核字（2021）第 014857 号

机械工业出版社（北京市百万庄大街22号 邮政编码100037）
策划编辑：赵海青 谢 元 责任编辑：赵海青 谢 元
责任校对：黄兴伟 责任印制：张 博
三河市国英印务有限公司印刷
2021年4月第1版第1次印刷
169mm×239mm・15.5印张・187千字
0 001—3 000册
标准书号：ISBN 978-7-111-67297-5
定价：69.00元

电话服务 网络服务
客服电话：010-88361066 机 工 官 网：www.cmpbook.com
　　　　　010-88379833 机 工 官 博：weibo.com/cmp1952
　　　　　010-68326294 金 书 网：www.golden-book.com
封底无防伪标均为盗版 机工教育服务网：www.cmpedu.com

丛书前言

初心与梦想

研究驾校经营管理是我人生规划中的一次意外,没想到这个意外决定了我职业生涯的后半程。

2005年,已过不惑之年的我,陷入了一次重要的人生思考:在国企、外企担任中高级管理人员研究企业管理20多年的我,难道要打一辈子工?不行,我要研究民营企业,日后成立一个管理咨询公司,为当地民营企业从家族化、作坊式的管理向公司化管理提升转变提供助力与服务。基于这一想法,我毅然辞职,来到了因学车而结缘的一所当地驾校,做起了职业经理人。

"以研究的心态做好工作,在帮助别人实现价值中来实现自己的价值。"这句话长期以来一直是我工作的座右铭,来到驾校后依然如此。工作一段时间后,我发现驾校经营管理的关键是提升教练员的素质。这些文化程度不高、驾驶员出身的教练员,大多数没有受过系统的职业培训,只有提升了教练员的素质才能提升驾校的竞争力。我将以往担任宣传处长、法律事务办公室主任、公司经理、资本运营部部长等职务时积淀下来的管理知识和经验,与主持驾校工作中所发生的棘手问题、矛盾冲突等大量鲜活案例总结归纳到一起,以工作笔记为素材,用了三年的时间,于2008年写出了《驾校教练员的五项修炼》,一波三折后终于出版,不料这本书竟填补了空白,成为"国内关注驾校教练员职业素质提升的首本著作""驾校教练员培训第一书"。

《驾校教练员的五项修炼》的出版得到驾校投资人和广大教练员的好评,这给我带来了荣誉和机会,于是我组建团队并成立了公司,专门从事驾校经营管理的研究,由过去只为一所驾校服务到为众多驾校服务。从2009年初到2012年的四年间,我考察了国内500多所驾校,研究的重点已从教练员素质提升转变为驾校严密的质量控制体系、完善的学员服务体系、立体的市场营销体系和特色文化体系的构建,旨在解决有了职业化的员工队伍基础后,如何进行科学化管理的问题,给"草根创业""商人转行""教练校长"等投资驾校的老板们提供一个经营管理的工具,使他们从摸着石头过河、跟着感觉走,到掌握驾校内部管理的规律。于是就有了"三部曲"中第二本书《驾校经营方略》的写作与出版。

2015年以后,随着驾培改革紧锣密鼓的脚步,国内驾培市场风云突变,我感觉到"山雨欲来风满楼"——驾培市场的动荡不可避免。于是写下了《中国驾培市场正在发生颠覆性的变化》一组六篇文章,从供求关系、收费模式、招生模式、培训模式、考试模式和运营模式这六个方面论述驾培市场的变化方式,也正是以这六篇文章为标志开始了对驾培行业的研究。在驾培行业,价格战、挂靠经营、合作共赢、互联网的冲击,不管喜欢还是不喜欢,这些无法回避的问题,统统成了研究的课题。这些研究伴随着市场的脉搏,顺应着驾校的需求,推动着我不断思考,最终写成了《驾校转型启示录》。至此,驾校经营管理三部曲终于圆满完结。

在这三部曲中,《驾校教练员的五项修炼》是"坐家"而作,功劳手大于脚;《驾校经营方略》是"出家"而作,辛苦脚大于手。《驾校转型启示录》是"高坐"而作。所言"高坐",乃指高空、高铁、高堂（在家陪伴高堂老母之时）之作。三部曲写我所做,讲我所写,来源于实践,回过头来指导实践,从实践经历的"知道",到总结归纳的"悟道",再到各地讲课的"布道",这就是我十几年来"意外"的职业轨迹。

从研究驾校经营管理的一个侧面,到研究驾校经营管理的整体,再延伸到对驾培行业的研究,我的体会可归结为一句话:驾培行业是一个关系到人民生命财产安全的实用技能型培训行业,能否回归教育本质,不仅要不忘初心,牢记使命,还要有梦想:

有车有"照"是您的梦,
开好开稳是我的梦。
安全交通、文明交通是大家的梦!

丛书前言

目录

第一章 / 市场观察

一、驾培市场到了什么时代 ...002
二、驾培行业该痛定思痛了 ...004
三、驾培市场早已风光不再 ...007
四、驾培改革的四个问题 ...012
五、中国驾培市场谁为王 ...019
六、如何认知和把握供给侧改革 ...023
七、现在是否可以投资驾校 ...025
八、有这样一所传奇的驾校 ...026
九、转不转型导致了两所驾校不同的命运 ...032
十、驾校校长之殇 ...033
十一、掀开"电子教练"的神秘面纱 ...038
十二、"驾培少帅"如何接班 ...041
十三、每位驾校的老板都是一本"无商不艰"的书 ...044
十四、"创客教练"——谢勇忠 ...048
十五、驾培财富第三波 ...053

第二章 / 转型创新

一、驾校转型源于驾培市场的颠覆性变化 ...058
二、驾校转型是被逼上梁山 ...065
三、驾校转型要实现两个回归 ...068
四、驾校转型必须跨越四道门槛 ...073

第三章 / 合作共赢

一、驾校合作刻不容缓 …084

二、从联盟到联邦：驾校合作的1.0与2.0版本 …088

三、驾校联合中的三大难题 …089

四、驾校合作2.0模式范本：和田众联 …093

五、婺源模式的联合、发酵与失败 …096

六、驾校合作的三字诀 …101

七、驾校联合"热"中的"冷"思考 …105

八、驾校联合的"大账"与"小账" …108

九、驾校联合为何失败 …110

十、驾校联合是为了什么 …114

十一、驾校合作的四种境界 …116

十二、驾校联合中的"时间魔咒" …119

第四章 / 价格混战

一、驾培行业的价格战，玩的不只是心跳 …124

二、驾培行业的价格战伤不起 …127

三、驾培行业为何对价格战乐此不疲 …130

四、学车不能唯低价是举，经营不能唯价格战是举 …132

五、打价格战之前要先想好 …134

六、谁是驾培行业价格战的"终结者" …136

七、驾培行业价格回归之路漫漫 …140

八、学车要"涨价"的四个理由 …144

第五章 / 挂靠演变

一、挂靠——驾校老板很悲催 ...148

二、挂靠——形成、发展与演化 ...152

三、挂靠——再说爱你不容易 ...156

四、挂靠——今后该举什么旗？走什么路？ ...158

五、挂靠——决定命运的是你自己 ...161

第六章 / 打黑驾培

一、黑驾培的三大危害 ...164

二、谁为黑驾培的生存提供了"温床"？ ...167

三、黑驾培为何屡打不绝 ...169

四、打击黑驾培必须多管齐下 ...170

五、打击黑驾培后的意想不到 ...174

六、扫除黑驾培后的驾培市场如何发展 ...175

第七章 / 网络风暴

一、"互联网+驾培"的兴起与冲击 ...178

二、"互联网+驾培"给市场带来了哪些便利 ...181

三、互联网驾校与传统驾校的区别 ...183

四、互联网驾校与传统驾校正在实现攻守转换 ...187

第八章 / 连锁步伐

一、直营连锁：出师不利，正在徘徊不前 ...192
二、自愿连锁：出师未捷，仍在奋力前行 ...195
三、特许连锁：初露端倪，有待时间检验 ...197

第九章 / 学时尴尬

一、学时法规 ...200
二、学时造假 ...203
三、学时对接 ...208

第十章 / 警钟长鸣

一、安全第一 ...216
二、风险预警 ...221
三、作弊违法 ...224
四、上当受骗 ...229
五、税收红线 ...234

附录 南新华驾校经营管理咨询团队培训班简介 ...238

第一章

市场观察

一、驾培市场到了什么时代

狄更斯在《双城记》的开头说:"这是最好的时代,这是最坏的时代;这是智慧的时代,这是愚蠢的时代;这是信仰的时期,这是怀疑的时期;这是光明的季节,这是黑暗的季节;这是希望之春,这是失望之冬;人们面前有着各种事物,人们面前一无所有;人们正在直登天堂,人们正在直下地狱。"

年难过,年难过,年年难过,年年过。中国的驾培市场究竟到了什么年代?仁者见仁,智者见智,是否真如狄更斯所说呢?

对于把驾培当作生意来做的人,这是最坏的时代。为了挣钱,有的驾校收"保过费";为了挣钱,有的驾校给"黑驾培点"开绿灯收"档案费";为了挣钱,有的驾校接受外地学员给其办理暂住证,更有甚者做起了异地买证卖证的"生意"。在特定的时期、特定的地区,许多驾校都轻轻松松地做着这些生意,简简单单地挣着可观的"票子"。现在"保过"的生意做不了,考试由"人工考"变成了"电子考";暂住证办不了,"黑驾培点"的学员不敢收了,买证卖证违法了。河北有位从做饭店转行做驾校的老校长说:"驾校这个生意很好,学员先把钱交给我们,不像我过去开饭店,要先买来各种食材,加工好饭菜,等食客上门。"安徽有位校长过去是搞建筑的,因为工程尾款难要,转行办起了驾校,因为投资驾校不仅回钱快,而且不欠款,再也不用当"孙子"去催款了。然而,现在这两位校长则在大倒苦水,他们说学员少了,价格低了,还在推行"先培后付",驾校这个生意没法做了。

对于把驾培当作事业来做的人,这是最好的时代。做事业的基本逻辑是在创造社会价值的同时实现企业价值。君不见一些懂管理、会经营、有创新意识和互联网思维的青年才俊正在驾培市场上崭露头角。他们把驾培行业当作施展抱负的投资蓝海,认为驾培行业是一个高端的教育培训服务行业,只是市场被做烂了,只要肯踏踏实实走长路,专心致志做好服务,就会带来利润。驾培行业洗牌之际,正是新黄金时代开启之际,正是大显身手之际。因为凑热闹的人正在离开,靠关系、政策挣钱的人也将离开,靠建立驾培平台收租子的人也会离开!剩下的是真正热爱这个行业的人在坚守。做事业的时代呼唤企业家精神,驾培市场躺着也赚钱的时候,赚钱的驾校老板不叫企业家,大浪退尽,依旧屹立在那儿的,才叫企业家。

对于依靠关系办驾校的人来说,这是最坏的时代。过去靠关系经营驾校的人批考场、要名额、搞定考官、决定合格率等,如今这些"神功"纷纷被废除,正所谓靠人人会走,靠山山会倒,靠风风会停,靠关系占领的市场制高点——失去,当年的风光不仅不再,而且还要与过去的业务员、教练员创业的"草根"校长平起平坐,同场竞赛,失落之情无以言表,只能感叹:这是什么时代!落水的凤凰……

对于没有关系的人来说,这是最好的时代。因为一切变得开放、公开,驾校申办由审批制变为备案制了,权力由省里、市里下放到县区了,行业许可取消了，只要符合准入条件就可以办驾校了，而且门槛不高，过去很多干得好的教练员现在成了驾校老板，过去许多其他行业的老板也挤进了驾培行业，八仙过海，各显神通。

对于老驾校，这是最坏的时代。当年县城只有我一家，独步江山，何等风光，多么惬意。现在开驾校像下饺子，过去的分校都纷纷摇身一变成了三类驾校。当年我一通知，都要来总校开会的手下，现在都和我平起平坐一同到运管部门开会了。

对于分校变总校的驾校，这是最好的时代。终于不用给别人交租子、交公粮了，一分耕耘一分收获，饿死了是自己没本事，翻身得解放的感觉——真好！

对于与时俱进学习型创新型的团队，这是最好的时代。

对于故步自封、抱残守缺、怨天尤人的团队，这是最坏的时代。

……

在驾培的改革期、转型期、动荡期，要在适应中生存，在差异中做强，在创新中发展，这才是王道。打造职业化的员工队伍，进行科学化的管理，努力构建一个严密的质量控制体系、一个完善的学员服务体系、一个立体的营销体系、一个特色的文化体系，这才是取胜之道。

二、驾培行业该痛定思痛了

"通则不痛，痛则不通"是一句中医俗语，意思是说：如果气血畅、经脉通，就不会疼痛；如果疼痛，就说明气血不畅、经脉不通，有疾病；如果疼得长久、痛得厉害，说明已是沉疴痼疾了。痛是一种现象，透过现象找到痛因，才能认识本质，才能对症下药。驾培行业的痛因是什么？

我认为还是中医学上的八个字：先天不足，后天失调。

"先天不足"主要表现在投资的缺失上

驾校的"先天不足"之一是忽视软件的投资。硬件投资看得见，摸得着，人们往往舍得购买土地，因为土地是不可多得的资源，是留给子孙的家产；舍得购买车辆，因为多一辆车就多一份培训能力，就像百货大楼多了一节能挣钱的柜台；舍得投资绿化，因为名贵的花木就是一所绿色银行，年年都在增值。可是很多的驾校在员工培训、管理提升、品牌塑造等软件方面根本没有或者很少投资，加之此前驾校面对的市场好，大干快上挣钱，萝卜快了不洗泥，哪有时间和工夫去投资软件。然而，时至今日，驾校面对的市场不好了，驾校没有竞争力，却仍然不弥补这一缺失，理由是不挣钱怎么提升服务。

还有一种先天不足就更严重了，连基本的硬件投资都不完整，更不用说软件投资了。有的驾校尽管土地是自己租的，资质是属于自己的，但教练车是别人的，招生和训练也是别人的。这相当于一个人躯干是自己的，体内的器官却是移植的，在外部市场环境好的时候，躯干强大，体内的器官"听话"，不排异，一旦外部环境恶化，体内移植的器官就会出现排异现象，自己的"身体"却无法自己做主，最后"性命"难保。

青岛海尔的创始人张瑞敏说过：没有培训好的员工是最大的成本。许多驾校由于在软件方面缺乏投资，自然就得不到这一投资的红利。软件投资的缺失，有的是由思想认识的局限性造成的，有的是由能力不足造成的，有的是由财力不足造成的，不一而论，但先天不足的结果是一样的。

"后天失调"主要表现在野蛮的生长上

市场环境好的时候，驾校都忙着挣钱，这没有错，但不能忘了初心，更不能见利忘义，投机取巧。每一个因受贿倒下的考官后面都有一批行贿的驾校老板。过去的十年中，有一批野蛮生长的驾校老板成了暴发户，他们虽然成了富豪，但富而不贵，破坏了驾培环境，给驾培行业造成了恶劣影响。笔者到访过的一个驾校拥有30多辆教练车，但只有5辆在训练，50多名学员只有一名教练。这位教练戴着一顶大大的草帽，拿着一根长长的杆子，在训练场来回走动、指指点点，那形象真是一个活生生的"牧羊人"。这个驾校是诸多"后天失调"驾校的一个缩影。

驾培行业野蛮发展的另一个突出表现，就是价格的高低成为驾校之间重要的竞争要素。从南到北，从东到西，驾培市场上到处弥漫着价格战的硝烟，不拼服务，不比质量，不打文化战、品牌战，只打价格战。价格没有最低，只有更低；竞争没有节制，不讲战法。不计成本、不顾后果的价格战使绝大多数的驾校都只能保本或者亏损运营，打造队伍、提升服务、差异化经营、品牌化发展，这些弥补"先天不足"的想法一闪而过后便束之高阁。这种"低价是王道"的价值观，导致提供低质低价的驾培服务成为众多驾校不二的选择，也摧毁了驾校依靠传统路径打造品牌的信心，众多驾校打造品牌实现转型的梦想便这样被无情地击碎了。

诺基亚倒下的时候，其首席执行官奥利拉说过一句广为流传的话："我们没有做错什么，但不知为什么，我们输了。"奥利拉的错，错在缺乏"变则通"的创新思维，没能及时调整经营战略，一条路走到黑。许多驾校的掌门人也认为"自己没做错什么"，其实和奥利拉一样，在发出这种抱怨之前，你已经错过了很多，没能与时俱进，没能回归初心，没能培养出职业化的员工队伍，没能打造出核心竞争力。总之，先天不足后，你没能及时做到后天调整。

驾培行业的痛点正是行业转型的临界点，也是新的投资力量在驾培行业创业创新的新起点。"沉舟侧畔千帆过，病树前头万木春"，驾校老板必须以归零的心态再次踏上征程，如果仅是在原有的思维与轨迹上拼命挣扎，则坚持得越久，结局会越悲惨！驾培市场的这场"痛"势必将演化成一次危机，这个危机是清算式"洗牌"危机，是淘汰式调整危机。那些习惯于通过钻制度和政策的空子来积累财富的既得利益者；那些不懂经营管理，更不想学习，只想着赚快钱、赚易钱的投机商人；那些不知深浅盲目进入、穿新鞋走老路，或者仍然在"摸着石头过河"的新投资者，在未来将首当其冲地被淘汰。

三、驾培市场早已风光不再

冯仑被称为地产界的思想家，本人很喜欢他的两本书——《野蛮生长》《理想丰满》。多年以前，冯仑在亚布力论坛上的围炉夜话中说道，民营企业在成长的过程中，不可避免地会犯错，但要不断自新，走上正道，重建公众形象、道德规范。

正如冯仑所说的那样，驾培市场也经历了野蛮生长的阶段，在很多地区仍然在野蛮生长，其表现就是没有守住应该守住的底线。

低价，省钱，一直是某些驾校"吸睛"的撒手锏，逢节就降价，有由头就搞活动，价格一降再降，价格的衣服已经脱光了，我们已经在"裸奔"了，再也不能光着屁股推磨——转着圈丢人啦！四川有位校长感叹道："价格战，威力大。公见了公愁，婆见了婆怕，招生全靠它。杀死了东家,斗死了西家,害死了同行,拖死了自己。到头来没人夸你学雷锋,没人赞你做公益,没人同情你鸡飞蛋打……"有的地区在学时对接以后,招生价格有了一定幅度的提升,这又给价格战的"热衷者们"提供了战场。你低价招来的学员怎么消化?低价招来的学员会给你转介绍学员吗?你通过价格战能弄死对手么?现在的消费者越来越理性,五元一斤的牛肉,你敢吃吗?五元一只的螃蟹,你敢买吗?想用低价饿死同行,在同行饿死之前,你可能就被上当受骗的客户打死了!"便宜没好货"是我们平时总跟朋友们说的道理,可连自己都觉得低得离谱的学车套餐,还要强推给别人!学员是怎样的感受和评价呢?至"贱"无敌,这和当前的社会发展阶段是不相符的,"低价者得"的竞争文化是走向温饱时期消费者的心态,在驾培行业,动辄就搞价格战,盛行打折文化,既不利于服务的升级,也损害驾培行业的形象。所以,快快停止低价招生吧,穿上"价值"的衣服,提升服务品质,增加优质安全培训的附加值,获得合理的利润才是王道!

《价格法》规定,我国实行市场调节价、政府指导价、政府定价三种定价形式,其中市场调节价在市场价格机制中占主导地位。政府定价,比如,汽油、柴油都是国家定价,国家发展和改革委员会经常发布自某日零时起多少号的汽油、柴油提高或降低到多少钱;政府指导价是由县级以上各级人民政府物价部门、业务主管部门按照国家规定权限,通过规定基准价和浮动幅度、最高限度和最低保护价等,指导企业制定的商品价格和收费标准,比如猪肉、鸡蛋等的定价;市场调节价,形成途径是通过市场竞争,企业自主定价,他们依据生产经营成本和市场供求状况等决定自己经营商品的价格,并非任意定价、随意定价。据我所知,国内驾培市场大部分是市场调节价,新疆维吾尔自治区是政府定价,新疆维吾尔自治区发展和改革委员会于 2015 年 4 月 29 日下发的新发改收费〔2015〕431号《自治区发展改革委关于我区机动车驾驶员培训服务收费标准及完善相关收费政策的通知》规定了C1机动车驾驶员初次培训服务收费标准，并在与学员协商后可在此基础上最多可以上浮100%。经营饭店的老板不打价格战，他们追求的是差异化，当入不敷出亏损时，他们会尽快自我了断，驾培行业的老板则反其道而行之，许多驾校老板不把精力与工夫放在打造员工队伍提升培训与服务质量上，而是一味地打价格战，入不敷出时看谁挺得住，熬得久。自己关门多丢人，他们坚信"坚持到底就是胜利"的理论，但这种"胜利"，不知是自己化茧成蝶后蜕变的胜利，还是同归于尽后的壮烈"胜利"。

守住底线，还要守住规矩。俗话说没有规矩不成方圆，驾培行业的许多规矩是以法律法规或标准的形式确定下来的，驾培行业有很多的法律法规，诸如《中华人民共和国道路交通安全法》《中华人民共和国道路运输条例》《机动车驾驶员培训管理规定》等，还有很多的标准，诸如《机动车驾驶培训教学与考试大纲》《机动车驾驶员培训机构资格条件》《机动车驾驶员培训教练场技术要求》等，尽管这些法律法规和标准还不够完善，还存在着许许多多这样或那样的不足，但毫无疑问这些法律法规和标准都是驾校投资者、经营管理者要遵守的。可是就有个别驾校老板从来就不守规矩，主要表现在两个方面：

其一，不守"培训的规矩"。取得的是"机动车驾驶员培训许可证"，要用自己招聘的教练员，使用自己的教练车，培训自己招收的学员。这既是最起码的规矩，也是业内人士人人皆知的道理。可是就有部分驾校不守规矩，大量接受"黑驾培点"送来的学员，不收培训费，只收几十元到几百元的"手续费"。在这些驾校里看不到多少学员在练车，却每月都有大量的学员通过考试，真是神了，怪哉。河南甚至有个驾校拿着"高拍仪"跑到另一个地市濮阳去现场"办公"，服务上门给"黑驾培点"办理学员录入手续，真是疯狂至极，不择手段，毫无规矩。2018年10月1日，河南省在各方努力下，终于在全国率先实行全省学时对接，像一声春雷，给仍处在寒冬的驾培市场带来了春天的希望。其最突出的效果就是净化了市场，给"黑驾培""驾培游击队"以沉重的打击，也断了"不搞培训"的驾校的"财路"。高压之下，许多以"挂靠"经营为主的驾校，收手上岸。但仍然有个别的驾校铤而走险，继续为"黑驾培"和"驾培游击队"提供通道和保护，自己依然当着"不招学员、不搞培训"的驾校校长，过着"甩手掌柜"的日子。

  其二，不守"场地的规矩"。《机动车驾驶员培训机构资格条件》和《机动车驾驶员培训教练场技术要求》规定科目二培训要在自己注册的主训练场或者运管部门许可的分训练场中进行，科目三训练要在交警部门指定的路段训练。可是有的驾校却是天马行空，随心所欲，独来独往。好多年前，我在新疆的一个地市考察，看到了一个偏僻的驾校，周边几公里没有居民区，场地是用废弃的砖厂改建的，大门紧锁，训练场空空如也，整个驾校只有一个看门的老人和一条狗。据当地驾校校长介绍，这所驾校的租地成本最低，车辆又都是教练员自己购买的，自从验收合格发放"许可证"后，校长就像"天女散花"一样，把教练车撒到了街头巷尾的空地，甚至不知何处的旮旮旯旯。这所驾校已成为当地驾培市场的"害群之马"。随着驾培改革的深入，越来越多的地区运用电子围栏锁定场地，其目的就是通过技术的手段把"天马行空"的教练车圈回来，大部分都达到了预期的目的，但有些不守规矩的人总会想法突破围栏。有位校长告诉我：我们这里出现了一种"黑科技"的小匣子，在驾校训练场转上几圈，就可以复制围栏，然后就可以回到"游击队根据地"继续训练并上传课时，不知道这种"黑科技"是谁发明的？谁买的？谁卖的？但可以确定的是，"不搞培训"的驾校校长肯定心知肚明！

给"黑驾培"和"驾培游击队"提供通道和保护也好,把驾校教练车"天女散花"也好,学时造假也好,在我们现行环境下,最多是违规违法,但不犯罪,违规违法与犯罪是两回事,但同样的情况到了美国大不一样,那可是既违法又犯罪。五年前,我看到一个消息:一个温州人移民美国后,在纽约办了一所汽车驾校,主要为华人服务。后来他做假,代填表格,比正常交100美元的多交350美元,不懂英文亦可获长途汽车驾照。有一个学员获驾照后驾车出事,案发后,这位华裔校长被诉,获刑20年并被罚50万美元,这个在中国看起来算不了什么的事情却导致这个温州人既坐牢又破产。如果我们像美国这样管理我们的驾校,会有多少所驾校破产呢?

中国驾培行业开放以来,有过野蛮生长、粗犷发展的阶段。那个时期,谁不按规矩出牌谁挣钱,谁胆大谁挣钱,谁的情商高会搞关系谁挣钱。那个时期,有的驾校连"驾照加工厂"都不是。每所驾校都有一个从成长到成熟、再到成功的过程,在发展初期,野蛮生长是难免的,犯错也是难免的,但不能一直野蛮生长,一直犯错。

汽车驾驶是现代社会几乎人人必备的一项技能,可帮助人们改善生活质量,扩大生活半径,提高工作效率,是关系自己和他人的生命和财产安全的一项技能,是要花费许多时间、精力和钱财去掌握的一项技能。驾培行业理应得到社会的尊重,但令人遗憾的是这一行业在很多地方被"低端化"了。其原因就是这个行业让那些不守底线的人做烂了,守不住底线和规矩,如何能得到社会尊重。许多驾校的老板在社交时都不太愿意介绍自己是做驾校的,就连投资几个亿,年招生两三万人,社会效益和经济效益俱佳的大型驾校老板也是这样。

崔仁浩——韩国乃至亚洲最受欢迎的作家之一,在其代表作《商道》中有这样一段论述:"为了钱而去拼命挣钱的人根本挣不到钱,一个人只有把挣钱作为一项事业，顺其自然而为之，才是挣钱的最高境界。如果过分追逐钱财，他的事业肯定会失败。"商人有商道，那些不愿守住法律法规底线的驾校投资者、经营管理者，肯定是不入流的商人。把驾培当作事业就要不忘初心——为社会培养合格的机动车驾驶人，为文明交通、和谐交通贡献力量。驾校的投资和经营者不仅要有法律意识，还要有道德高度。

四、驾培改革的四个问题

截至2017年年底，我国共有驾校17804所。自2009年以来，驾校的数量以每年1000所的速度递增，2016年许多省份陆续下放驾校审批权，实行备案制，驾校的数量出现翻番。2012年以后，我国每年都有超过2000万学员报名学车。学车已成为事关民生的国之大事。能否让人民顺利愉快地学车拿照并且掌握真正的驾驶技术，是驾培行业的共同任务。

"应试培训"应该是驾培改革的首要任务

我国的驾考考场是全球最大的"应试游戏"的考场。之所以称之为最大，是因为每年我国要有两千多万人参加机动车驾驶的培训和考试；之所以称之为"应试游戏"，是因为运用计算机和电子设备考试，都是程序化的设计和规则，先做哪些动作，动作做到什么分寸，什么时间做完，都要按程序进行，否则就不合格。

在有的地方，学员考完科目二都没挂过二档。有的驾校培训完场地科目后，训练就结束了，根本不进行科目三训练，学员只要在社会化考场进行适应性训练（当然是要交训练费的），用一两个小时学会"应试游戏"规则后，就能过关。

有的地方的驾考却是越来越死板，越来越不实用。有位全国优秀驾驶教练员曾评论道：现在的科目二、科目三评判标准刁钻古怪，从大街上拉100个出租车司机去考试，一多半考不过。别说出租车司机，就是专业车手来考试，一样通不过。

在如此"应试游戏"的导向下，驾校无不"以考定培"，即考哪些项目就训练哪些项目，怎么考就怎么训练，因为合格率是驾校的硬道理，通不过考试，学员不满意，驾校也挣不到钱。驾校和教练员都是"应试游戏"的被迫参与者，他们也想搞"养成式"培训，在学员拿到驾照的同时，让学员养成良好的驾驶道德、习惯和心态，但在现行的规则下，他们也很无奈。

在这个"应试游戏"中有两个输家，也有一个赢家。第一个输家是学员，他们赔了时间，赔了金钱，拿到驾照后却有很多人或者大多数人仍不会开车，不敢上路，还需要找人陪练；第二个输家是政府，驾培的宗旨是培养合格的机动车驾驶人，因此国家出台了许许多多的国标和法规，有多个部门分别管理驾校、管理驾照，但到头来却培养出了很多的"二把刀"驾驶人，没能从源头上把好安全驾驶的第一关。而这个"游戏"中最大的赢家则是那些制作"游戏系统"、出售"游戏设备"的利益集团。

如何打破应试培训的怪圈，培养合格的机动车驾驶人，这是当前乃至今后驾考、驾培政策制定的第一原则和基本点；如何保护学员的合法权利，方便学员学车，是第二原则和基本点。而这两个原则和基本点有主次之分，前者是主要矛盾，是宗旨；后者是次要矛盾，要服从于前者，切不可颠倒主次，只为强调便民、服务而忽视了宗旨。

反腐倡廉是驾培改革的基础

近几年来，有关驾考腐败的大案、窝案不断见诸报端和网络媒体。

2013年年初，广东湛江市车管所原所长梁志雄涉嫌受贿被移送检察机关，全所42名驾驶证考官全部涉案，案发时3人逃匿，其余39人合计上缴"红包"2100多万元，平均每人超过50万元。超过40名考官涉案同时被查，堪称史无前例。考官全军覆没，揭开驾考系统的"腐败食物链"。

2014年夏，石家庄车管所腐败案浮出水面：所长受贿近300万元，临时工也不落空，贪污30万元……一本小小的机动车驾驶证，背后竟牵出令人瞠目结舌的腐败，一个车管所的分所20余人"沦陷"其中，考官又是全军覆没，再次震惊国人。

这两起案子仅仅是驾考腐败的冰山一角，各地"小案""中案"不断传来。

车管所腐败窝案接二连三发生，暴露出制度设置与监督缺位等一系列问题。就驾考而言，车管所掌握着驾校教练车审批、驾考监管、考试通过等实权，由于权力集中，容易产生利益寻租现象。加之长期以来车管所内部比较封闭，外部监督乏力，最终使车管所成为腐败窝案的多发地、重灾区。

驾校和教练员都靠合格率生存，前几年驾考市场爆发期还要靠考试名额生存，而合格率和名额又掌握在考官和考官的领导手里，于是就形成了考官"潜规则"——收驾校的"红包"，驾校教练员"潜规则"——收学员的"红包"。收取"红包"是拿降低考试标准做交易，于是"马路杀手"便成批量地"批发"出来。

对于驾考腐败，公安部的领导早有洞察，在大伤脑筋地实行轮岗、交叉考试等"人管"措施收效不大之后，又推出了"机管"（机器、计算机）措施——电子化驾考，以求限制考官的权力，给学员一个公开公正的驾考环境。电子化驾考实施后，客观地说起到了一定的遏制腐败的效果，但又导致了另外一个问题——"应试游戏"。由此可以得出结论："应试游戏"是由驾考腐败而派生出来的。"机管"终究代替不了"人管"，要想根除"应试游戏"，必先根除驾考顽腐；要想把好安全驾驶第一关，也必先根除驾考顽腐。

我国反腐阶段和目标概括为"不敢贪、不能贪、不想贪"，既要从打击力度上震慑官员，让其不敢贪之后，又要从制度和思想建设上入手，让官员不能贪和不想贪。先后构建起不敢腐的惩戒机制、不能腐的约束机制和不愿腐的教育机制。治理驾考腐败也要从"三不"入手，重拳出击，综合治理。

驾考反腐，不仅是政府的事，也是全社会的事，驾校校长、驾校员工、驾校学员人人有责。驾考顽腐不除，不把那些既要金钱、也要人命的考官绳之以法，中国驾培难有春天！

"先培后付"模式好不好

辩证法告诉我们凡事都是相对的，不是绝对的，"先培后付"学车模式好还是不好，抛开政府主管部门不说，要看这是站在哪个角度或者哪个利益者的立场上考虑问题。不同的角度、不同的利益群体，自然观点也不同。有的认为不好多于好，有的认为也好也不好，还有的认为只有好没有不好。

1）驾校投资管理者认为：不好多于好。

不好之一：打破了几千年来中国教育培训收费的惯例。中国自古以来的教育都是先付费后上学，孔子时期就是这样，没有钱，实物也可以抵学费。

不好之二：侵犯了企业经营自主权。是先收费还是后收费，或者分期付费，这是企业自主经营的权利，就像饭店一样，有的是餐后付费，有的是点完餐先付费，还有的是签单到月底总算，采取哪种付费方式完全是饭店自己的权利，政府对此不能强行干预。国家对楼房、汽车销售收费方式也没有限定，可以一次交清，也可以分期付款，收付费的方式应由买家和卖家协商选择。

不好之三：增加了企业资金成本。过去学车是先一次性付费，再慢慢学车，驾校有资金沉淀，有的驾校老板就用沉淀的资金开办小额贷款公司。一些投资人投资驾校的原因，就是驾校不存在外欠款。

好之一：增加了学车套餐。以往大部分驾校学车套餐单一，而且十几年一贯制，现在除了常规班、VIP班之外，又增加了"先培后付"班，先用"0"元学车或一个"门槛价"把学员引进门，再慢慢消费。增加一个套餐，就有利于增加适合这个套餐的学员。

好之二：倒逼驾校提升服务。天天讲提升服务，但许多驾校内力不足，现在外力来了——服务不好，学员不付费。教练员服务不好，就没人来约你的车；驾校服务不好，同样也会被市场这只"无形的手"所淘汰。服务是驾校管理的重中之重、难中之难，应该成为驾校全体教职员工的共识。

2）学员认为：也好也不好。

好处是：我的钱我当家。过去学车是缴款容易退款难，报名前，"大爷"是咱，报上名后处处受驾校和教练员的制约，想退学和转学都很麻烦，不但要找这个人那个人签字，还要扣这个款、那个款。现在好了，"打包整售"变成了"零售"，我的钱我当家，满意我就付款，不满意也不用违心付款，花钱买服务自己掌控。

不好是：心中没底。过去一次性缴费，学不会继续学，驾校负责到底，现在花钱买学时，学不会继续买学时，这不是"无底洞"吗？还是"打包整售"好。

3）一边倒认为好的只有开发"先培后付预约学车"的软件公司

在政府的大力推动下，"先培后付"模式已在驾培机构实现全面落地。

单一的学车模式不可能适合所有的地区、所有的学员。不搞一刀切，多种学车模式并存，让学员有更多的选择权，更符合驾培驾考改革"便民利民"的原则！

"预约模式"不应成为唯一模式

"预约"培训法是按着工业协作的做法，把一个产品的生产流程分成若干个工序，每人分管一个具体的单元，在多人合作下，共同完成一个产品。虽然这种培训方法具有有利于廉洁施教、方便学员、节省时间的优点，但也有很多缺点，主要表现如下：

1）不利于因人施教。北京的驾校大都实行预约式"流水线"培训法，许多学员完成整个学车流程，拿到驾照，往往要经过几个甚至是十几个教练员的指导。由于每个教练员教授训练的时间有限，因此每个教练员对学员的综合情况的掌握也相对有限，对学员的心理状况了解得可能更少。这很不利于因人施教，因为对学员的训练不仅仅是单个动作要领的训练，更是综合驾驶习惯、安全意识和心理素质的培训，而后者在如此频繁的更换教练员之中是很难完成的，很难做到连续性地纠正和强化。

2）不利于提高教练员的综合素质。根据《机动车驾驶教练员国家职业技能标准》的界定，机动车驾驶教练员是利用机动车辆及辅助教学设备，采用多种教学手段，向培训对象传授道路交通安全知识和安全驾驶技能的人员。如果教练员按"流水线"培训法工作，只培训一个点，而不是一个面，那么教练员学习、运用的知识和技能就很狭窄，久而久之综合能力就会下降。

3）不利于品牌教练员的塑造和招生。品牌教练员相当于一个舞台上的主角，如果他德艺双馨，他的影响力和号召力就大。如果一个角色分段由几个人来演，那就都成了跑龙套的了，就很难塑造名角。一个教练员只有全过程地教授好学员，服务好学员，才能得到学员的认可，只有得到学员的认可，学员才能源源不断地给教练员介绍新学员。

4）不利于合格率的考核。合格率是考核教练员的重要指标，也是关系到驾校经济效益的重要数据。"一条龙"培训法合格率一目了然，合格率高是这个教练员的成绩，合格率低是这个教练员的问题，优劣高低无人分摊，无法争功诿过。"流水线"培训法则不然，一个科目多人培训，有的教练员水平高尽心尽力，也有的教练员水平低敷衍了事，最后如果学员没有通过科目考试，培训这个学员的诸多教练员要按培训课时分担责任，这种方式很容易出现滥竽充数的南郭先生。

5）不利于控制学员的进度。凡采用预约式"流水线"培训模式的驾校大多对学员学车时间无法限定，由于时间冲突，再加上约车难，学员三天打鱼两天晒网、一曝十寒是常态，这不仅拉长了学车的时间，也降低了掌握驾驶技术的效率。北京是强制采取预约式培训，也都采取"流水线"法，北京某驾校的校长做了这样一个"烧开水"的比喻：如果我们连续烧一壶水，也许五分钟就烧开了，但如果烧一分钟停下，过一段时间再烧一分钟又停下，这壶水即使累计烧了半个小时，也烧不开。

另外，在一些小城镇和边远地区由于交通不方便，上网率低，许多人不会使用电脑和智能手机，预约制培训反而给学员增加了麻烦。

反观传统的"一条龙"培训模式具有责任明确、能够因人施教有针对性地训练、便于学员集中时间强化训练的优点，但由于一个学员易被一名教练员控制，因此在许多地方和驾校导致吃拿卡要等行业不正之风的存在，这些现象可以通过强化管理和教育来杜绝，但不能因此将"一条龙"培训模式否定，甚至取缔，应该两种模式并存。"一条龙"和"预约制"各有利弊，不能说"一条龙"就是落后的，"预约制"就是先进的，打个比喻，就像吃饭一样，不能说吃米饭就是先进的，吃面条就是落后的，两种食品各有特色。有些商业集团出于商业利益的考虑，在驾培市场上推行自己的"预约"管理系统的产品，大肆宣传推广，主管部门不应推波助澜，应保持清醒的判断。

五、中国驾培市场谁为王

改革开放的几十年，中国经济取得了举世瞩目的发展，已经成为第一大汽车市场，汽车保有量超过美国。近十几年间，中国驾培市场也有了长足的发展，由短缺经济到平衡经济，再到过剩经济，已成了世界最大的学车市场。笔者对十几年来驾校投资者的经营理念进行了梳理，发现驾校的经营理念是"城头变幻大王旗"。

"包过为王"

免考拿证是中国驾培行业允许民营资本进入以来十几年间野蛮生长中最"野蛮"的一幕，也是早年许多"胆大"的驾培人"挖第一桶金"方式，是现在驾培人不敢想象的。多年以前，笔者第一次到河南商丘考察，看了七八所驾校，发现了一个奇怪的现象：许多驾校训练场倒桩和侧方位训练库没有黑色的车印迹，我十分纳闷，又发现几乎每个教练员都背着一个包，事后经了解才知道，学员几乎不训练或者很少训练，教练就是收钱代办、免考包过。

河南北部某县一个校长曾向我介绍他当年创业的经历：驾校创办之初，有备案的教练员，没有上班的教练员；有学员，但都是不来训练的学员；有教练车，但都是"睡觉"的教练车。那时，驾校只有业务员，没有教练员，就是收钱卖证。一日，他接到运管处驾培科的通知要来检查，这下让他犯难了，学员说好了都是包过的，打电话让他们来也都不来，教练员又从何而来？如何过这一关？天无绝人之路，经过一夜的思考，他终于想出了天衣无缝的"妙计"：亲戚朋友当中会开车的都来"客串"教练员，校长带着几辆车一大早来到零工劳务市场，找了几十个零工，每人50元加中午一顿大包子来"过车瘾"，就这样顺利地"挡"过了检查。

在那个权力寻租、野蛮生长的年代，免考包过虽然不具有普遍性，但曾几何时在个别地区十分猖獗，对市场的破坏和驾培行业形象的损害是致命的。

"速度为王"

过去学车，拿证快是决定学员选择驾校的第一因素，而拿证快靠得往往不是训练过硬，而是关系硬。关系硬则名额多，关系硬通过率就高，这一切都控制在那些掌握着考试权的人手里，搞定了他们便畅通无阻。

某开放最早的沿海城市有位年过六旬的老校长，谈到他的创业史时自豪之情溢于言表："我是在20世纪90年代末期办的驾校，那个时候报名费8000多元，我是招生最多、拿证最快的，十年间没有一个不合格的，我对教练说，你们只管训练就行，考试的事不用你们管。那时我是很拼的。"这位老校长现在是驾培行业的富豪,在当地具有地标性的"双子座"大厦上买了一层楼。

"考场为王"

随着学员的逐年上升,大部分地区驾驶考试能力不足的问题逐渐暴露出来,考场也"犹抱琵琶半遮面"地由政府垄断到开始放开。民营驾校谁有考场,谁就占领了市场的制高点,有考场不仅可以赚巨额的"模拟训练费",而且在招生上有巨大的优势。有考场的驾校纷纷打出"不出驾校便可以拿证"的诱人广告,没有考场的驾校有的望洋兴叹,有的则在想"与其临渊羡鱼,不如退而结网",于是"下定决心,不怕牺牲,排除万难,去争取胜利!"走上了征地、审批考场的艰难征途,这其中,吃了多少苦,受了多少罪,花了多少钱,只有他们自己知道。但"考场为王"有多大的难度就有多大利润的理念支撑着他们勇往直前,不批到考场不罢休。

"低价为王"

随着反腐力度的加大,种种监督措施的落实,以及电子化考试的普及,驾照考试变得公开公正,"包过为王"已不再可能;随着培训能力的严重过剩,现在早已没有了学员积压,考试名额的不足也已不存在,哪所驾校考试都不慢,"速度为王"成为过去式;考场也不再是独家所有,可选择性很大,而且学员可以自主网上预约,许多省市还专门下文收回民营驾校的考场,由政府"买服务","考场为王"的时代也在逐渐结束。于是,驾培市场的经营理念再次"变幻大王旗","低价为王"的时代已经来临。没有最低,只有更低,先下手为强,后下手遭殃,有的省市招生价格已跌到了1000元以下。

驾校转型启示录

这种"低价是王道"的价值观,会摧毁依靠传统路径打造品牌的信心,生产低质低价的产品变成最理想的选择,众多中国企业打造品牌实现转型的梦想便这样被无情地击碎了。难道这种悲剧也会在服务行业重演?"低价为王",有的驾校老板是主动式,有的则是被动式,但在许许多多的市场仍还是现代式。然而,纵观这几年各地驾培市场上的价格战,被淘汰出局的没有价格高的驾校,都是那些价格低的驾校,"低价为王"的路会越走越窄,直至走不下去。所谓物美价廉、薄利多销的时代已经过去了,中国消费者已经成为世界上最挑剔、最精明的消费者了。"低价为王"只是一个假象,真相是"低价为亡"。

"品牌为王"

"品牌为王"是市场经济发展的规律,是必然的趋势。品牌是什么,众说纷纭,笔者比较认同的是这一说法:品牌是人们对一个企业及其产品、售后服务、文化价值的一种评价和认知,是一种信任。从字的结构分析,品牌的"品"字,由三个口组成,一生二,二生三,三生万物,口口相传、众口铄金便是品牌,由此可见,品牌不是墙上挂了多少奖牌和锦旗,也不是广告做了多少。当然,品牌必然要以硬件为基础,但核心是服务的品质,是文化的辐射力和传播力。对驾培行业的品牌认知,笔者认为品牌的支撑是品质,品质的支撑是管理,管理的支撑是队伍。打造品牌首先要从职业化的员工队伍开始,之后才是科学化的管理,最后才有品牌化的发展。"品牌为王"已经被越来越多的驾校老板所认知,但品牌之路是艰苦而漫长的,不是叶公好龙就能"好"来的。其他的"王"都是暂时的、阶段性的,只有"品牌之王"才是终端的"王",长久的"王"。当年咬定"品牌"不放松,而且没有"城头变幻大王旗"的驾校,如今许多都成为名校,在驾培市场的转型期,他们是处乱不惊,

"乱云飞渡仍从容",在向着"无限风光在险峰"的境地前进!

结论:辩证法告诉我们没有乱,也就没有治。有什么样的国民,就有什么样的国家;有什么样的品位,就有什么样的商品;有什么样的消费者,就有什么样的企业,这是基本逻辑。如今,驾培市场正由野蛮生长向理想丰满过渡,然而这个过渡刚刚开始,过渡的过程就是洗牌的过程,也是一个痛苦的过程。胆大的挣钱、会搞关系的挣钱的时代已经过去,智商高、懂管理、会营销才能挣钱的时代帷幕已经拉开。"包过为王""速度为王""考场为王"成就了很多驾培行业的富豪,但富豪不是企业家,只有"品牌为王"才是驾培市场企业家的成长之路,新时代的驾培市场呼唤企业家!

六、如何认知和把握供给侧改革

如何认知和把握供给侧改革给驾培人带来的挑战与机遇,其实没那么复杂,只要我们转换下企业经营管理的思维角度,把目光调至市场,以客户为导向,以市场为导向,改变自己适应别人,驾校就会在市场混战中胜出!

供给侧改革之前拉动中国经济的"三驾马车"是投资、消费与出口。而未来中国经济发展的三驾马车是服务、消费与创新(高科技)。

驾培企业如何把握这三驾新马车,笔者的理解如下。

如何理解服务

在国民消费能力普遍增强的前提下,驾校投资人应该关注和改善的是驾校里的从业人员的综合素养,驾校的教职员工是否适应当前的消费者。训练场的消费者及他们的消费习惯都在悄然无声地发生着变化,现在90后、00后消费者成了主体，他们有个性没"耐性"（选择越大耐性越差），不信广告信评价，习惯网购、重体验、爱分享，这些变化让一些教练无所适从，诸多驾校人员的服务认知、服务能力与服务方式却还是"老样子"。因此，驾校当务之急是要拥有一批具有过硬服务能力的从业者。驾校的优秀从业者不是天生就有的，除了严把招聘关之外，更有效的方式是驾校自己培养，驾校投资人投资的思维要从投资物（硬件）转换到投资人（软件）！

如何理解消费

消费者不再是简单的消费，驾培市场早已告别了短缺经济，在报名学车选择多多的情况下，学员要的是消费带来的深刻的情感体验，不仅要拿到证，还要有尊重、有快乐，尤其是在驾培这个特殊行业里，吃拿卡要与粗暴教学，与消费者的期待产生巨大反差，甚至是情感上的伤害。

如何理解创新

互联网时代，互联网给全体驾培人带来了恐慌与不适，它逼迫着驾培人开始思考如何转型与创新驾校的经营。但我们必须清晰地认识到，并不是用上了互联网，所有问题都会迎刃而解，因为互联网只是一种工具，并不是解决一切问题的灵丹妙药，驾培需要的是充分利用互联网工具所带来的高效率，而非其他。

历史的车轮已把我们带入信息时代，一切都在快速地变化。消费者扬眉吐气的时代已经到来，话语权已转到了消费者的手中。从表面来看，驾培行业是产能已过剩，而实质上是弱质劣质的驾培产能过剩，在驾培行业里，优质的产能还远远不够。供给侧改革的实质就是要用"市场这只看不见的大手"去淘汰那些弱质劣质的产能,让优秀的企业在残酷的市场竞争脱颖而出。驾培行业的危机与机遇同在,救命的稻草在自己与市场的手中,能保护与拯救我们的只有自己!

七、现在是否可以投资驾校

有位新朋友(房地产商)来电询问:现在是否可以投资驾校?

我很难回答,想了想,我反问他:你看过《北京人在纽约》吗?

他说:看过。

我又说:还记得剧中那句经典的话吗?

他说:哪一句?忘记了。

我说:我发给你。

于是,我把下面的话发给了他:"如果你爱一个人,送他去纽约,因为那里是天堂;如果你恨一个人,送他去纽约,因为那里是地狱。"

今日的驾培市场有点像纽约,可以成就人,也可以毁灭人。

十年前,驾培市场是短缺经济,求大于供,属于狼少肉多,千军万马过独木桥,谁进入谁挣钱。现在,驾培市场是品牌经济,供大于求,培训能力严重过剩,属于狼多肉少,"遍地黄金"、谁进入都挣钱的时代已经一去不复返了。过去的驾培市场是情商高的挣钱,今后的驾培市场只有智商高的才能挣钱!

第二天,这位新朋友又打来电话,他问:你怎么看待今天的驾培市场?

我答:你听说过两个销售员到非洲卖鞋的故事吗?

他说：知道。于是他向我复述了这个故事。

两个推销员到非洲去推销皮鞋。由于天气炎热，非洲人一直都是赤着脚。第一个推销员看到非洲人这个样子，立刻失望起来，他想：这些人都赤着脚，怎么会买我的鞋呢？于是他放弃了努力，打道回府了。而另一位推销员看到非洲人都赤着脚，则不禁惊喜万分，在他看来：这些人都没有皮鞋穿，这皮鞋市场就大了。于是想尽一切办法，引导非洲人购买皮鞋，最后，他自然是满载而归。

我问：你是积极乐观主义者，还是消极悲观主义者？

他说：我是积极乐观主义者。

我答：你可以投资驾校。

目前的驾培市场投资者，就像这两个推销员。积极乐观主义者认为：驾培市场是一个大蛋糕，是高端的市场低端的服务，是落后的"产能"过剩，优质的"产能"不足，前景广阔，大有作为，是"向阳花"！消极悲观主义者认为：驾培市场蛋糕越来越小，"食客"越来越多，价格大幅下滑，成本不断增高，恶性竞争，环境恶劣，食之无味，弃之可惜，是"苦菜花"！

八、有这样一所传奇的驾校

这是一所起步比较晚的驾校，2013年8月招聘第一批教练员，2013年12月26日正式开业，建校初期还因土地问题影响训练招生达一年之久，如今却成了国内社会效益和经济效益双丰收的驾校，他们快速发展的秘诀是什么？

这是一所地理位置并不优越的驾校，不是在一线城市，也不是在二线、三线城市，仅坐落在县城外环以外的一个村庄，地处山区，经济欠发达。建校三年后开始发力，招生量连续三年大幅提升，更难能可贵的是大车招生人数占了总招生人数的一半以上，在培训能力严重过剩、价格战肆虐的大背景下，他们是如何解决交通不便利、高价位跨省招生、让学员舍近求远趋之若鹜的呢？

这所驾校经营环境同样不好，甚至比大部分县区驾校更恶劣，该县80万人口，有13所驾校，小车学车价格为2000元左右（含考试费）。这所驾校是怎样在价格高于其他驾校一倍的情况下脱颖而出，实现半壁江山的市场占有率的？在驾培行业低迷期，驾校的老板都捂紧口袋，不敢投资，这所驾校却大兴土木，盖了两栋宿舍楼，买了一座宾馆，因为他们要满足2000多名住校学员的吃住，又购买了300亩地建考场，实现考训分离，他们投资的信心与胆量从何而来？

这所驾校的投资者没有一个过去是从事驾培行业的，甚至没有从事过服务行业，他们是怎样从外行变为内行的，是怎样没走弯路后来居上的呢？

在这所驾校，你看不到上班玩手机、脱岗、扎堆聊天的教练员，看到的是衣着整齐、神态专注的技能型老师；看不到无精打采、爱答不理、横眉冷对、态度粗暴的教练员，看到的都是精神饱满、有问必答、不厌其烦、满面春风的执教者。你所期盼的，在脑海中描绘了多少遍的教练员形象在这里化为现实，这些教练员过去也同样是自由散漫文化不高的职业司机、自由职业者、农民，他们是怎样实现人生蜕变的？他们是怎样实现职业化的呢？

这所驾校就是坐落在河南新乡辉县常村镇郝凹村的"**豫北驾校**"。

打造班底只求质量

2013年8月13日,满载117位参训教练的三辆大巴开进了安阳市林州县太行山中红旗渠畔的亚林生态园,专门为豫北驾校定制的第26期"王牌教练员培训营"在这里举办。本次培训营执行自创办以来最为严格的淘汰制,配备的老师和管理后勤人员也达到了创纪录的10人。我作为王牌教练员培训营创始人全程参加授课与管理,与豫北驾校共同确立了打好班底、夯实基础、不求数量、只求质量的培训基调。9天培训结束,淘汰30人,毕业87人。亚林生态园一名经理说:"我们是专做会议的,接待了无数次培训,你们是最严格的。毕业典礼上,我写上了一首诗,是对这次培训的总结,也是对豫北驾校的期许。"

太行山上操精兵，红旗渠畔荡心灵。

洗尽铅华征程起，草地雪山任驰骋。

王牌之师尚荣誉，教练之道惜生命。

豫北驾校话传奇，翱翔九天展雄鹰。

铁打的营盘，流水的兵，六年的风雨历程，当年从太行山中红旗渠畔走出的教练员已有半数因种种情况离开了驾校，而沉淀下来的40名教练员，就像当年爬雪山过草地的红军战士一样，成为豫北驾校文化的基因、作风的标杆、管理的骨干、发展的火种。其中已有8人担任了训练、考试、安全、业务方面的中层干部。从第一批教练员培训结束之后，豫北驾校就确定了"把培训员工作为最大的投资，把培训好的员工作为最大的投入，把打造企业品牌作为最大的任务"经营理念，至今已经培训了16期王牌教练员和6期金牌客服。

上岗考试一炮走红

2013年10月的某一天，67位豫北驾校的教练员来到郑州参加教练员资格证的培训。整个队伍西服领带，着装统一；纪律严明，听从指挥；整齐划一，精神抖擞。吃饭之前列队高唱"王牌教练员之歌"，排队打饭，不争不抢，安静就餐，没有喧哗，饭后收拾，干净离开；课堂上专心致志，仔细听讲，认真记录，尊重老师，提前到课，前排就座，开课时全体起立向老师问好，下课时再次起立向老师道辛苦；培训结束前将宿舍打扫一遍，各种物品摆放整齐。五位培训过上万名教练员的老师都说第一次见到这样的队伍，他们看在眼里，喜在心上，纷纷打听了解这所驾校的情况。有位老师感叹道："有这样的教练员队伍，驾校何愁生源？何愁发展？"参加培训的67位教练员毕业考试全部一次通过。李含彬是当时参训的教练员，也是带队的队长，在回来给领导的汇报总结中这样写道:我们完全有信心有能力成为中原名校,我们能行,我们自豪!

纪律面前人人平等

豫北驾校开业后不久,收到一个学员的投诉,投诉反映一名教练员有粗暴教学、虚假承诺的问题,经落实情况属实。因为这是豫北驾校接到的第一份投诉,所以豫北驾校领导班子特别重视,召开专门会议研究。这名教练员是 80 多名教练员中有从业经验的两名教练员之一,又是一个股东的亲戚。经过讨论,豫北领导班子成员一致认为:粗暴教学是教练员管理的"高压线"之一,任何人都不可触碰,从严治校、廉洁文明执教要从头抓起,没有例外。最后作出了对当事教练员予以辞退、大会通报、曝光栏上予以公布的处理决定。正是从建校时的这次"挥泪斩马谡"开始,豫北驾校的"高压线"逐渐确立——"文明教学,不能粗暴训人;廉洁教学,不能吃拿卡要;安全教学,不能睡觉脱岗。"六年来因触碰"高压线"而被除名的员工已达十几名,其中既有普通员工,也有中层干部,现在在豫北驾校,文明执教、廉洁执教、安全执教已蔚然成风。

众志成城共渡难关

豫北驾校建校之初就遇到了一次灭顶之灾——土地违规。当年拍胸脯打保票批准的部门,现在要求限时限刻整改,硬化的土地要复耕,或者黄土覆盖,全体人员全部撤离,近千亩的校园、训练场空无一人。突如其来的整改令让豫北驾校猝不及防,上百辆训练车转移到哪里?几千名学员在哪里训练?学员出现退学潮如何应对?1.2亿元的投资如何回收?疾风之劲草,患难见真情,危机激发了凝聚力,压力转化成了向心力,豫北驾校吹响了"众志成城共渡难关"的号角,寻找场地分散训练连夜施工，教练员吃住在工地夜以继日无怨无悔，老板们筹措资金千方百计地保证正常开支，员工们不发工资也要挺过难关，准备退学的学员纷纷被豫北驾校所感动，打消了退学的念头。众人同心，其利断金，不经历风雨，怎能见彩虹。经过一年的艰苦努力，土地的问题终于得到化解，共渡难关的这段经历已成为豫北驾校企业文化中的宝贵财富。

借力成长时来发力

2013年豫北驾校筹建时，驾培市场的"黄金时期"已经过去，此时，几个外行业的投资者如果延续以往的驾校老板的套路——摸着石头过河，无疑会走弯路，会延长自己的成熟期。于是他们选择了借外脑，三顾茅庐，与"新华德御"公司签订了合作协议，由新华德御公司派专家担任顾问，并委派住校老师担任常务副总经理给予全面的工作指导，经过几年的努力，一个根子正、班底好、队伍强的豫北驾校展现在了中原大地，为以后的发展奠定了良好的基础。2016年以来，豫北驾校随着驾培市场改革的步伐，抓住机遇，与时俱进，开始发力。首先，他们面向全国开拓大车培训市场，在大车培训打破属地培训考试的藩篱，豫北驾校依托王牌教练员的优质服务、考训一体的大型训练设施、完备的后勤服务保障，迅速开发全国的大车考训市场。第一批的学员体验之后，就不断给豫北驾校介绍新的学员，生生不息的"传送带"效应逐步显现。其次，豫北驾校牵头本地驾校实现合作共赢。2018年10月1日，河南全省进行学时对接，抓住这一有利时机，豫北驾校牵头所在地辉县13所驾校的校长，采取"请进来、走出去"的方式，研究探索"携手共进合作共赢"的方案，共同组建了"御安驾培服务公司"，结束了恶性竞争，实现了行业自律，出现了和谐有序发展的良好局面。第三，豫北驾校走出中原实现连锁跨越发展。经历了五年多的磨炼与积淀，豫北驾校的决策者认识到：目前驾培市场正处在震荡转型期，对抱残守缺者是危机，对创新开拓者是机遇，于是做出了走出中原，创立连锁发展"第三极"模式的决策，现在已经迈出了可喜的第一步。

"潮平两岸阔，风正一帆悬。"立志于打造中原名校、国内名校的豫北驾校已经有了一个良好的开局，现已进入了快速而稳定发展的阶段，他们新的故事每天都在上演，我们期待在未来的驾培市场上，"豫北驾校话传奇，翱翔九天展雄鹰。"

九、转不转型导致了两所驾校不同的命运

2017年"五一"前夕，宁波一剑驾校老板宣布将驾校出售给金通驾校，并发布了一封"告一剑驾校全体员工书"，此举引起了宁波驾培界的关注和热议。从训练考试不正常，到员工学员上访，再到驾校关门出售，至此，"一剑风波"终于暂告一个段落。

一剑驾校建立于2004年，比金通驾校早两年，一剑驾校建校之初与后来一段时间，有过风光，甚至是辉煌。一剑驾校地处黄金地段，在爆发性的市场中招生不愁，坐等学员上门；考试不愁，只需搞好公共关系。

花无百日红，市场不会一成不变，近几年一剑驾校不再顺风顺水——竞争的加剧、价格的下滑、政策的变化、训练场地的变故等问题接踵而来。面对新的挑战，一剑驾校一直是被动地维持。"人老了，精力不如当年，身体状况欠佳。"一剑驾校老板的说法只是客观原因，硬件不投入、队伍不打造、经营不转型、管理不升级等主观上的原因才是导致一剑驾校被收购的主要因素。老路走不通，新路不会走，没能与时俱

进，没能从短缺经济的经营管理模式向质量经济、品牌经济过渡转型，"走为上"是一剑驾校老板不得已选择的最后一计。

退出，出售，走人，对于每一个老板来说都是一个痛苦的决定，因为这不仅涉及经济利益，更关系到自己的荣誉。筹办经营这所驾校，不仅投入了大量的资金、精力，还倾注了自己大量的感情，这里有多年一起打拼的员工，也有休戚与共的兄弟姐妹。

几年前同在宁波的金通驾校与一剑驾校相比，无论是规模上，还是招生量上，都不分伯仲，建校时间上，一剑驾校时间更久，根基更深，但金通驾校几年前就有强烈的危机意识，制订了经营转型、管理提升计划，斥巨资、冒风险投资了宁波最大的训练考试为一体的考练中心，为宁波人民创造了最好的学车环境，建设了宁波"交通安全警示教育基地"，对员工进行了系统的培训。几年下来，此消彼长，一个退化成没落的"贵族"，最后走向了破败；一个成了"新科状元"，开始了收购。这种反差形成的内因是什么？那就是在新的形势、新的挑战之下，是否有新的思维、新的对策。一个是主动出击，以发展求生存，在逆境中转型，终于杀出了一条血路，在宁波市场率先冲出重围；一个被动维持，终于熬到了"油尽灯灭"。

两所驾校的不同命运告诉我们：转型不一定成功，但有希望成功，而不转型只能失败。

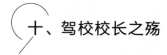

十、驾校校长之殇

2017年11月20日，某地税局大厅发生了悲催的一幕——驾校校长不堪重负当众自杀以求解脱。一个堂堂七尺男儿，一个有一定实力的投资老板,为何出此下策?

2017,中国驾培市场上已经发生了许多值得大家深思的事件。

事件之一:"最好的驾校退出驾培江湖"。石家庄足利驾校是国内最好的驾校之一,驾校投资者何初江先生复旦大学医学院毕业,又在日本攻读五年,回国创业收购了足利驾校,经过何先生的着力打造,足利驾校成为国内最早实行一人一车预约培训的驾校,在长达六七年的时间里,其小车的招生价格一直保持在5600元左右,比同城其他驾校的招生价格始终高出1000多元。这所驾校的教练员没有招生任务,这所驾校是交税大户……这所驾校有许许多多的故事,可就是这所社会效益和经济效益俱佳的驾校,2017年居然转让了!是何原因?业内人士纷纷猜测,知情者透露转让的原因是何初江先生对国内驾培市场的失望。"**失望**"应该是这一事件的关键词。

事件之二:"宁波一剑驾校出售"。2017年"五一"前夕,宁波一剑驾校这所有过风光甚至是辉煌的老牌驾校宣布将驾校出售,并发布了一封让人看后五味杂陈、百感交集的"告一剑驾校全体员工书"。之所以出售,有"人老了,精力不如当年,身体状况欠佳"的客观原因,更有经营不转型、管理不升级的主观上原因,"**失败**"应该是这一事件的关键词。

……

2017年中国驾培市场上发生了太多太多的奇事、怪事、大事。**这样的市场足以让人窒息!**

2017年,驾培改革的全面铺开使非"刚性学车"的学员等待观望而减少,大量新驾校的诞生分食驾培市场既有的"蛋糕",年满18岁的"增量学员"创历史新低,三个因素的叠加造成招生大战更加惨烈。

有些地区是整个驾培市场出了问题,生存环境十分恶劣,覆巢之下

第一章 市场观察

没有完[...]在这样的市场上仅靠一所驾校和几所[...]还会导致悲剧的发生。

有些[...]市场份额之大，让人难以想象。山东省[...]地驾培业内人士估计"黑驾培"点有近[...]经远远超过正规驾校，占到了整个市场[...]的生存空间受到了严重挤压。我们在呼吁[...]"黑驾培"的"营养脐带"的同时，更[...]责任，不管这些"黑驾培"当年是谁给[...]之患，也不管这些"黑驾培"已成气候[...]打击不了的借口。保护合法驾培机构，[...]的驾培市场是政府主管部门义不容辞的[...]位。一方面"黑驾培"没有成本无所[...]抢"蛋糕"；另一方面是要求合法驾校[...]运营成本不断加大。这种市场生态下，[...]就难以生存。

有些[...]行"时间之久，让人不可思议。在国内[...]度之大、价格之低、恶性竞争之惨烈，[...]地区，小车招生价格长期在2000元左右，[...]像开封小车价格在4000元的为数不多，开封价格之所以相对较高是因为运管部门会同有关部门设定了招生价格底线，并跟进了强力的监督处罚措施。在国内驾培市场上，像开封这样的驾培行业主管部门太少了，我们听到的却是某个地区的驾校因价格上涨而被警告、劝诫，甚至被高额罚款的案例。招生价格长期"超低空飞行"不仅伤害了学员的利益，还伤害了驾校投资经营者的利益。服务行业的价格战不同于制造行业的价格战，伤敌一千自损八百，没有赢家。不发生价格恶性竞争，不仅需要行业自律，更需要政府主管部门的引导。学员招生价格长期为2000元，甚至低于2000元的市场，足以让驾校投资经营者窒息。

有些地区驾校增长数量之快、之多，审批效率之高，让人咋舌称奇。随着驾培市场的进一步放开，随着新办驾校从审批到备案的推行，本来就拥挤不堪、培训能力过剩、吃不饱的驾培市场，又前仆后继地涌进新的投资者。华中某省会城市，2015年、2016年平均每年出证25万个左右，2015年驾校不足30所，2020年已有130多所，驾校增长数量之快、之多，审批效率之高，让人咋舌称奇。河南某个古都城市，由于突击批了一批驾校，导致每个县的驾校有20多所。这些新增的驾校由于以前没有市场上的影响和口碑，又急于回笼资金，于是一诞生就打价格战，使得该地的招生价格"飞流直下"，当地的驾培市场也从此进入了"春秋战国"的动荡期。"坚持开放竞争"是《关于推进机动车驾驶人培训考试制度改革意见的通知》确定的四个基本原则之一，这没有错，但是开放不是没有条件，我们是否严格执行了准入标准；竞争不能无底线，我们是否进行了有效的监督管理。放任自流的驾培市场绝不是改革的初衷！

要勇于面对驾培市场的"新常态"。驾培行业十几年前曾被认为是暴利行业，也有过野蛮生存、粗犷发展的时期，十几年的时间，市场从短缺到饱和，从饱和到过剩。虽然已经过剩了，但还是不断有人以大无畏的精神扑向这个市场，市场却由暴利到微利，由微利到亏损。投资泛滥、恶性竞争导致了驾培行业的生态被破坏，恶性循环，前景黯淡。驾培行业在大多数地区已经地地道道地沦为了"苦菜花"。

花无百日红，风云在变幻，十年河东，十年河西。旧的常态逐步成为历史，新的常态逐步形成。

狼少肉多、千军万马过独木桥、没有竞争、顺风顺水、全行业盈利的卖方市场一去不复返了，随之而来的是"找厕所不好找，找驾校容易"（武汉一校长的描述）、狼多肉少、饿狼成群、恶性竞争、逆境生存、盈利艰难的买方市场。

等客上门、胆大的挣大钱、情商高会搞关系的多挣钱的经营模式一去不复返了，随之而来的是主动出击多管齐下立体招生、智商高懂管理会经营的才能挣钱的经营模式。

培训没学时、考试没周期、场地无要求、班型不强制的行业管理模式一去不复返了，随之而来的是培训考试有大纲、场地建设有国标、预约培训预约考试、先培后付的行业管理模式。

不管培训数量、不管招生价格、不管营业收入只交为数不多的定税的税收模式一去不复返了，随之而来的是营业税、所得税（企业、个人）、增值税、教育附加税、土地使用税等。

……

新常态："新"就是有异于旧质；"常态"就是时常发生的状态。新常态就是不同以往的、相对稳定的状态。这是一种趋势性的、不可逆的发展状态。

一切我们津津乐道的驾校经营好时光已经过去，失不再来，一切让我们驾校经营管理者不适应、不熟悉的新政策已经频繁出台，而且还将继续接踵而来，这就是残酷的现实！

知己知彼，百战不殆。每一个驾校的经营管理者都要保持两个战略清醒：一是对行业的发展趋势有清醒的认识，再也不能摸着石头过河，不能只低头拉车不抬头看路，上市公司东方时尚驾校正在加快连锁化的步伐，车轮驾考通等互联网公司携带风投资金在与传统驾校一试身手，驾培市场在转型，驾培市场在分化；二是对自己的管理优劣势与经营风险要有清醒的认识，要清楚你是否能够打造职业化的员工队伍，你是否能够进行科学化的管理,你是否能够进行差异化的经营,你是否有能力承受驾培"新常态"的挑战。

鸡叫了天亮,鸡不叫,天同样会亮,关键是你自己是不是醒了。该来的终将都会来,该去的终将都要去,在对当前经营困难的驾校校长致以深深的同情之时,我们也要好好地思考未来的路如何走!

十一、掀开"电子教练"的神秘面纱

2016年是中国驾培的改革之年、转型之年,有关"电子教练"的消息不断爆出。"电子教练"靠谱吗?它能取代人工教学训练吗?它在训练中如何保证安全?带着这些问题,2016年7月11日和8月4日利用在合肥举办第57期"王牌教练员培训营"和首届"驾培少帅班"的空余时间,笔者两次来到嘻哈学车"电子教练"研发基地,在总经理张全雷先生的陪同下,实地考察了"电子教练"的性能和在训练中的使用状况,就心中疑惑的有关问题与研发人员进行了深入的交流。

"电子教练"训练的安全性是否有保障?

安装"电子教练"的教练车,在训练中副驾驶座上是否还要有教练员或者安全员?嘻哈学车的设计思想就是替代。"电子教练"有两套安全系统,即主动安全系统和被动安全系统。主动安全系统包括:坡道溜车后主动制动,车辆行驶超出电子围栏区域会停车,车速超出设定的速度后会自动点制动,前方有障碍物和人时,根据时速和雷达捕捉到的目标,电子教练会作出判断,采取减速或紧急制动的措施。像生产降落伞的老板出于对自己产品有信心敢于试跳一样,嘻哈学车"电子教练"的老板兼总设计师张全雷在试验现场上演了一次"生命时速真人秀",当我坐在副驾驶席指挥测试员以二档的速度深踩加速踏板向20米外的张总冲刺时,"电子教练"采取了紧急制动的措施,在距张总1米外的距离成功驻车。被动安全系统是在监控室的工作人员发现电子教练车出现不安全驾驶行为后,远程控制制动或让其熄火。

"电子教练"是怎么进行教学训练的?

嘻哈学车"电子教练"的教学训练主要是通过两个模块进行的。

一是坐标纠错模块。在场地五个项目训练中,"电子教练"会根据车型和场地的不同设计出最佳教学模式,用语音不断地提醒和指导学员训练。当学员出现错误时,它会及时提醒。

二是模拟考试模块。当学员基本达到了训练标准后,可以启动模拟考试系统,这时学员可以在训练车的屏幕上直接看到所驾驶的车辆在训练科目中的行驶轨迹,可以直观地看到操作的对与错,把驾驶感觉变成画面清晰地显示出来。

"电子教练"有哪些优缺点?

教练员的素质有高有低,执教时间有长有短,执教态度有好有差,总之是千人千面,良莠不齐,而"电子教练"的最大特点就是整齐划一,没有差别,这是它的优点,也是它的缺点。

优点:"电子教练"不会偷懒,不会脱岗,不会疲劳执教,不会在执教期间玩手机,违背劳动纪律,它是一个不需要激励表彰的"劳模模范";"电子教练"不闹情绪,教学声调不会忽高忽低,不会讽刺人训斥人,对待学员一视同仁,它是没有喜怒哀乐的"好好先生";"电子教练"教学训练统一规范,不是"一人一把号"各吹各的调,学员上哪个车都一样,训练前后衔接整齐划一,它是一个训练有素的"钢铁战士";"电子教练"不拿工资,不要加班费,一次性投入,长久使用,工作起来不分八小时内外,不分白天黑夜,不分平时与节假日,它是一头任劳任怨的"老黄牛"。因此,"电子教练"的使用对改善驾校的服务、提升合格率、降低用工成本有一定的帮助和促进。

缺点:"电子教练"呆板、机械、教条,它不会因人施教,不管学员是男的女的,还是老的少的,不管是驾驶"老手",还是驾驶"白丁",不管是心理紧张的,还是鲁莽冒失的,"电子教练"进行的都是无差别教学训练,它不会根据学员不同的情况进行针对性的教学训练。因此,**"电子教练"不能完全取代人工教学,只能在教学训练中发挥辅助作用。**

"电子教练"有无法规门槛?

为了规范机动车驾驶培训,这些年来我国先后出台了许多法律法规,申办驾校要符合"国标",培训要按"大纲"进行,驾培驾考改革要按着"意见"实施。"电子教练"的出现无疑是驾培市场的新生事物,它的使用不仅只是得到驾校和学员的认可就行的,还应该得到有关部门的批准许可,就像电子考试设备必须要经过公安部的认证一样。如果没有许可和认证,当有一天运管部门的领导在驾校进行例行检查中发现了教练车上没有教练员,会如何呢?教练车、教练员、指定的训练场地和路段是机动车驾驶培训的三道门槛,"电子教练"合法性是要有权威部门的说法的。

"电子教练"的出现是必然的吗?

在科技突飞猛进发展的今天,用电子智能逐步替代人的部分功能是许多行业共同的追求,而且许多行业都取得了革命性的突破,在教育界有"电子老师"，在体育界有"电子教练"，它们在辅助教学训练中达到了很好的效果。

无人驾驶汽车已经在许多国家投入使用，包括日本、瑞典以及美国。作为一种智能汽车，它主要依靠车内以计算机系统为主的智能驾驶仪来实现无人驾驶。我国从20世纪80年代开始进行无人驾驶汽车的研究，国防科技大学在1992年成功研制出中国第一辆真正意义上的无人驾驶汽车。2005年，首辆城市无人驾驶汽车在上海交通大学研制成功。无人驾驶的智能汽车都已出现，出现无人执教的"电子教练"就不足为奇了。

在驾培领域，过去驾驶考试都是人工评判，现在仍然完全采取人工评判考试的城市基本不复存在了，取而代之的是电子评判，不仅场地考试大都运用了"电子考官"，而且路考也开始使用"电子考官"。广大驾校和教练员也都习惯并适应了这些"电子考官"。这些年来，驾驶模拟器已经从低端走向了高端，在驾驶培训中发挥了一定的作用，"电子教练"将静态的驾驶模拟教学动态化，应该说是一种进步。

综上所述，在机动车驾驶培训行业出现"电子教练"有其必然性。

十二、"驾培少帅"如何接班

2019年5月某天的深夜，北方某沿海城市的一位睡不着觉的"驾培老帅"在微信里给我留言："南老师您好！知道您太忙了，几次白天想给您打电话，怕您不方便。今晚我又失眠了，给您留言，请您方便时给我回复。我的驾校现在手续一切齐全，正常营业，什么也不差，接手就可直接挣钱，您看有没有愿意接手的，您人脉广泛，认识的人多，只要接手的人人品好、有能力，转让的价钱低点也没关系。我今年69岁了，身体也不好,没有精力继续干了,孩子怎么动员也不接班,拜托您了!谢谢!"

花开花落是永恒的自然规律,时间催人老,岁月不饶人,在驾培行业里,有很多这样日渐年迈的"驾培老帅",他们除了心身疲惫地应对这日益复杂的环境和惨烈的竞争之外,无时无刻不在操心接班问题。未来的5~10年是驾培行业家族性企业接班的密集期,如何培养好"驾培少帅"越来越成为紧迫而又严峻的话题。

子承父业是家族企业传承的首选,也符合东方社会的传统文化和习惯。2013年,上海交通大学在对其附近200家内地家族企业进行调研时发现,其中,82%的企业主认为说服子女继承家业存在困难,仅有18%有主动接班的意愿。而驾培行业子女接班的问题则更复杂、更严峻。有的是不愿接,越是受教育程度高的子女越不愿接,他们创业的机会多,看不上驾校这个出力不讨好、"不太时髦"又"太辛苦"的行当,他们追求高大上的创业渠道;有的不敢接,驾培行业竞争激烈,怕适应不了,教练难管,怕驾驭不了……历练不够、能力不够,没有接班能力的孩子如果强行上岗,很有可能会"车毁人亡"。

亲手缔造的驾校,承载了"驾培老帅"们太多的汗水泪水、喜怒哀乐和事业梦想,尽管他们知道迟早要交出权力,但是仍然无法割舍,有的心系员工,怕"少帅"慢待了"老臣";担心孩子不够成熟,跑错了方向,偏离了航道;有的缺乏退休生活规划,习惯了原有的工作生活方式,一旦没事可做,内心极不适应,甚至有一种惶恐感。

培养"驾培少帅"是一个长期工程,宜早不宜晚,要"带三年、帮三年、看三年",甚至更长的时间。

甘肃临夏市永靖驾校的李永世董事长培养儿子接班的道路值得"驾培老帅"们借鉴。李永世1958年出生,他自己说:"我的人生很幸运,在解放军最受欢迎的年代参了军，在司机最吃香的年代复员当了运输公司的客车司机，在老板最受追捧的年代又带领一批下岗职工承接了转制的永靖驾校做了董事长兼总经理。"2013年，李永世董事长55岁时便开始考虑接班的问题，那一年他的儿子李振武26岁。李振武对接手驾校既没有兴趣，也没有信心，自己一心想在省城办公司。李董事长把我请过去，让振武拜我为师，之后带着老伴、振武一起跟随我在河南、四川等地听课并考察参观名校半月之久（至今李董事长还在后悔，说如果当年让振武跟我半年再回来接班，后劲会更大），并通过我的单独辅导，开拓振武的眼界，提升他的责任感和自信心，之后按着我的培养步骤让振武打造自己的"班底"，从招聘新教练员入手，然后从培训到上岗都由振武主持，让他与新教练员同吃同住同学习，培养休戚与共的情感。2014年2月22日至30日在甘肃兰州省军区干部培训中心举办的"第33期王牌教练员培训营"就是为振武培养班底、打造队伍、树立威信而专门举办的。培训营结束之后，李董事长扶上马送一程，逐步放手让振武扩大其分管的范围，先管教练员、管培训，之后再管考试，最后再全面负责。2016年，李振武正式担任总经理，李董事长彻底放手，过起了含饴弄孙的生活。如今的李振武长江后浪推前浪，在驾培市场生源减少、培训能力过剩的情况下，逆势上扬，驾校由一所发展成三所，招生量、合格率、服务满意率均在当地处于领先的位置，表现出了良好的发展势头。

永靖驾校李永世董事长培养儿子接班的成功案例告诉我们：培养"驾培少帅"是一个系统工程，不仅要给他压担子，给他锻炼进步的机会，还要给他选导师，给他学习提升的机会，在潜移默化中向着目标一步步地靠拢。一个种子从破土而出，直到结出丰硕的果实，不可能一蹴而就，不仅需要时间，还需要阳光、水分和营养，培养"驾培少帅"更是如此。在时间和实践的相伴下,才能积累经验、拓宽视野、历练能力。

比起"驾培老帅"们十年前创立驾校的时期,现在与未来"驾培少帅"们面临的挑战要大得多。十年前,驾培行业处在短缺经济时期,不用费力招生,学员就源源不断;现在驾培行业处于过剩经济时期,驾校多如牛毛,费尽九牛二虎之力也难保不亏损。此一时,彼一时,交权之前,一定要对"驾培少帅"锤炼淬火。

创业不易,守成更难。如何走出"富不过三代"的魔咒?如何把"富二代"变成"创二代"?如何对"驾培少帅"实现精准帮扶,这是每一位"驾培老帅"的面前难题,也是一门学问。

十三、每位驾校的老板都是一本"无商不艰"的书

"无商不尖"

在古代有"无商不尖"之说,"无商不尖"是有典故的,旧时买粮都是以"升"或"斗"作为量器称量的。"升"是一种上口大、下底小的梯状器具,买粮时,粮行都会用一把戒尺削平升斗内隆起的粮食,一则填满四角凹陷,二则削去中间隆起的多余粮食,做到不偏不倚,这样既保证分量充足,又不使店家和买主吃亏,在称量到最后一升或一斗时,粮行都会在已抹平的升斗内加上一小撮粮食,使已经抹平的粮食隆起一个"尖",让利于买主。在古代,粮行卖米卖面加点"添头"已经约定成俗,成了习惯。

"无商不尖"不只表现在买米买面上,旧时去布庄扯布,也有"足尺放三"之说,即在丈量到最后一尺时,也会量足尺寸后再加放二寸。打油打醋打酒都会有"添头",打到最后一提时(提是古代量取油、酒

等液体的一种器具，具有较长的把儿，往往按所量取的斤两制成大小不等的一套），都会另加半提。在古代，但凡做生意的，总会给客人一点"添头"。

多加"添头"，体现在各行各业中，即便某些东西是一个整体，不能分开来卖，商家也会另外免费赠送一些小件的商品，添点"尖头"，所以人们统称为"无商不尖"。

在驾培行业，这种"尖商"还是很多的，"添头"有遮阳帽、水杯、文化衫，还有的搞抽奖活动。笔者在山西孝义安顺昌驾校、河南辉县豫北驾校目睹了他们的抽奖活动，奖品从小家电到山地车，甚至笔记本电脑，琳琅满目。还有的驾校"添头"是赠学时，赠拿驾驶证后的陪驾，总之通过不同的"添头"让学员得到一些实惠，也体现了驾校对学员的情感。

"无商不奸"

现在人们常说的"无商不奸"是对"无商不尖"的讹传，是后人杜撰的。

由于驾培行业竞争激烈加之透明度很高，损害学员利益以及商业欺诈的恶性事件不是很多，但不能说没有。"百名红色通缉人员"中就有一个，他就是排号第19位的曾任北京梨园驾校校长的刘常凯。刘常凯在担任北京京剧院梨园驾校校长期间，涉嫌诈骗学校300余万元，1999年10月，刘常凯携款潜逃，2017年8月31日回国投案。

"无商不艰"

中华工商联合出版社出版了一本由伏建全编著的《无商不艰》，通过中外一些著名商人的案例，揭示了他们艰苦、艰难、艰辛的创业历史。

驾校转型启示录

他们原来也是普通人,并且大多数出身贫寒,但是在困难面前他们百折不挠,永不服输,忍人所不能忍,为人所不能为,他们这种敢于同命运抗争的精神成就了他们非凡的人生。

尤其是在许多行业整体不佳的这两年,老板们更加艰苦、艰难、艰辛,你玩着手机开小差的时候,你的老板正在焦头烂额;你也许永远不知道,你盘算该拿多少薪水的时候,你的老板正在下一张借条上签名。中国的民企老板,解决了中国80%以上的就业人口。但中国的民企老板,80%以上面临着企业倒闭风险、法律风险。台风覆船的时候,最倒霉的一定是船长自己——船员可以逃命,船长却舍不得他那条船!

在驾培行业培训能力严重过剩、价格战狼烟四起的这些年,驾校老板的艰苦、艰难、艰辛程度到了极限,有的在苦苦支撑,有的已经负债经营。从创业到守业,每个驾校老板都有不为他人所知的艰苦创业故事,河南商丘启航驾校侯勇校长、济宁北城驾校总裁陈涛的故事就是这许许多多故事中的一个篇章。

侯校长的女儿是这样描述他艰难创业的父亲的:2014年是一个沉重的年份!那一年,有这样一个人,他失去了工作,家中没有任何经济来源。靠着微薄的积蓄,一面苦苦支撑着家庭,另一面还要在孩子面前表现出若无其事开心的样子,害怕给孩子带来心理负担。更使他痛苦的是,一生对他影响深远的两位老人——86岁的姨妈、83岁的母亲都突然生病,相继离世。对他而言,那一年是他经历的最艰难、最痛苦、最难熬的一年。这一年,一个偶然的机会,他开始了自己的事业——接手了一所几年内被转卖四次、更换三个场地,内忧外患、千疮百孔的驾校。本以为凭自己的努力会慢慢变好,但是"这块土地要开发,驾校必须限期搬走"的消息两个月后就传来了!这消息对他来讲,犹如晴天霹雳,一下子将他打懵了。老学员整天闹个不停,又面临着场地需要搬迁,由于精神压力过大,一天夜里他做噩梦,突然起身去找场地,结果一脚踏空,一头栽倒地板上,好久没有起来,地上流了一片鲜血。见此情景,妻子心疼地说:"投资驾校的钱咱不要了,全当丢了,咱不干了行吗?总不能不要命啊!"

济宁北城驾校总裁陈涛是我国驾培市场上的传奇人物。少年时期的陈涛受过大苦大难。1989年陈涛11岁,因为跑客运的父亲的一场意外车祸,一家人不得不异地躲债,在以后的艰苦岁月里,辍学的小陈涛要过饭、打过工、摆过地摊。青年时期的陈涛有过大红大紫。勤奋、好学、敏锐使他建立起来自己的"商业帝国",十几家公司,资产过亿,开着劳斯莱斯,开始学习飞机驾驶。中年时期的陈涛经历了大起大落,旗下一家公司资金链的断裂,使他几乎回到了原点,公司、房产纷纷出售还债,保留下来的除了仗义耿直的名声,还有一个北城驾校。2018年3月8日,我应邀到"北城驾校"进行"众志成城 决胜未来"讲座,在讲到目前形势下驾校校长承受的巨大压力和挑战时,我邀请陈涛总裁上台分享,回想起自己艰苦、艰辛、艰难的创业史,陈涛跪在了讲台,泪洒会场,全场无不为之动容,唏嘘声一片。男儿膝下有黄金,男儿有泪不轻弹,只是没有回忆艰难岁月创业史啊!

驾校的老板是一种辛苦的职业,投资了驾校就从此潇洒不起来了,请不完的酒宴,陪不完的笑脸,参加不完的会议,应付不完的检查。我们看到他们开着好车豪车、出入酒店、前呼后拥、风光无限的一面,看不到是他们殚精竭虑、黯然神伤、彻夜难眠、走投无路的一面。一校之长、法人代表、老板,听起来很舒服,做起来却很受罪,"人前有一点显贵,人后却非常受罪"是这些驾校老板的写照,他们的酸楚只有他们自己知道,每个驾校的老板都是一本《无商不艰》的书!

十四、"创客教练"——谢勇忠

创客（Maker）的"创"指创造，"客"指从事某种活动的人，"创客"本指勇于创新、努力将自己的创意变为现实的人。"创客"与"大众创业，万众创新"联系在一起，特指具有创新理念、自主创业的人。在中文里，"创"的含义是：开始做，创造，首创，开创，创立，它体现了一种积极向上的生活态度，同时有一种通过行动和实践去发现问题和需求，并努力找到解决的方案；"客"则有客观、客人、做客的意思。我对创客的理解是：创造性地为客户服务。在全国百万机动车驾驶教练员队伍中，谢勇忠就是这样一位创造性地为学员服务的"创客"教练。

谢勇忠成为"创客教练"之路始于一次改变命运的培训

谢勇忠，1970年出生，湖南郴州人，高中毕业。在进入驾培行业前，他扛过枪当过兵，下过井挖过煤，进过工厂做过工，当过保安看过大门，养过车开过出租，卖过保险做过生意。出力、流汗、拼过、闯过，历经了人生的酸甜苦辣，年近半百却始终没有找到人生的坐标，不知道像他这样没有家庭背景、没有受过专业教育、没有创业资金从农村走出的老百姓路在何方？

2009年，谢勇忠开始接触驾培行业，花了一万多元钱在长沙接受了25天的培训，拿到了教练员证，2010年在东莞做起了驾驶培训。由于他卖过保险，有一定的营销能力，加之有着"世界制造之都"之称的东莞外来人口众多，因此招起学员来得心应手，头三个月就招了200多学员。开始做教练时，谢勇忠有热情、有干劲，随着招生多了，自己的热情减退了,对学员的态度也不好了,时不时地给学员脸色看,学员背后叫他"三大教练":个子大、架子大、嗓门大。加之受到行业不良风气的影响,谢勇忠也开始收红包了,虽然没有索要过,但也有暗示等行为,感觉自己高高在上,学员有求于他,虽然觉得这样做不太好,但也感觉算不了什么。

2016年,谢勇忠对驾培行业有些厌倦了,随着竞争加剧、考试积压、暂住证的限制、招生下降、政策多变,他感觉驾培行业前景黯淡,越做越难做了,整天打不起精神,媳妇说他像霜打的茄子——蔫了。于是他想跳出驾培行业,另找出路,重打锣鼓另开张,想过开饭店,开汽车美容店,考察了许多项目,但是都没有成功。

2017年元旦,北京新华德御管理咨询有限责任公司到东莞举行第61期"王牌教练员培训营",谢勇忠的老板让他参加,他的态度是既不排斥,也不积极,反正在家门口上课,有用就听听,没用就撤退。

没想到这次培训改变了他的命运,他在心得体会上写道:"听完第一堂课,我就入迷了,甚至是震撼了,我不懂的东西太多了,我的专业知识太匮乏了,我过去的许多观念和思想太糊涂了。我的家与'王牌教练员培训营'的举办地东莞国防教育基地只有一路之隔,随便找个理由就可回家一趟,可是八天的培训,我一次也没回去,我不想少听老师的一句话。"

从"王牌教练员培训营"毕业后,谢勇忠把学到的知识用在教学训练和服务招生上,一点一点地运用,以王牌为荣誉,以王牌为目标,以王牌为精神。学员说他变了,妻子、孩子说他变了,老板也说他变了,周围的人都说他变了,他自己也感觉变了。其中,最大的变化就是他对驾培行业前景又有了信心。驾培行业和其他许多行业一样,都是产能过剩,存活下来的一定是有竞争力的优质产能,淘汰的是没有竞争力的劣质产能。谢勇忠由此也取得了实实在在的"创绩"。

"创绩"一：改变形象，亮出牌子。

一个人内在的价值、修养固然重要，但别人要经过长时间的交往才能判断，最直接最迅速给人留下印象的，就是一个人的外表形象，正所谓：人要衣装，佛要金装。在"王牌教练员培训营"的学习让谢勇忠明白了：教练员本身就是一个产品，出售的是自己的技术和态度，推销的不是多少钱的驾驶证，而是教练员的服务精神和态度，是世界上独一无二的自己。谢勇忠在毕业半年以后的第66期"王牌教练员培训营"的毕业典礼上给学弟学妹分享时说："既然是'产品'，形象和包装就很重要，你是农民的形象，还是技能型老师的形象，是不一样的，你是懒散的负能量的形象，还是精神饱满的正能量的形象，肯定也是不一样。任何粗俗的语言、低俗的玩笑、不拘小节的行为都会破坏你的形象。正如南新华老师所说：形象是教练的明信片，形象是教练的通行证，形象是教练的说明书。"

没有参加"王牌教练员培训营"之前，谢勇忠不注重形象，上班训练期间，穿着拖鞋、短裤、休闲T恤，背着一个包包，这是他的标配。

参加王牌教练员培训回来，谢勇忠就去理了一个发，决心从"头"开始打造自己的新形象，他的形象工程是从四个方面着手的：

第一，改善外观形象。拖鞋换成了皮鞋，短裤换成了黑色长裤，T恤换成了衬衣，加上工作牌，这成了他新的标配。

第二，改善网络形象。谢勇忠把微信号的标签换成了"我是全国王牌教练员，我在保护您生命和财产的安全，请您尊重我！"，头像换成了身穿迷彩服在八一徽标下敬礼的照片，微信的内容再也没有了调侃、恶搞、带色的段子，图片也没有了抽烟、喝酒、耍彪的形象，取而代之的是驾驶培训的专业内容，现在学员走进他的朋友圈，一定会感受到他的热情和专业，会感觉到这个谢教练靠谱、值得信赖。

第三，改善教练车形象。每天谢勇忠不但把教练车洗刷得干干净净，连发动机都是干干净净的，而且喷上了"王牌教练"四个大字，他说："这是我的荣誉，也是我的招牌。"

第四，打出形象广告。东莞科目三考场附近的饭店有几块广告牌。谢勇忠承包了其中的一块，把他的形象和服务理念展现出来。教练员打个人形象广告的，在东莞谢勇忠是第一人，谢勇忠说："我要为行业树形象，正名声。"

谢勇忠的形象工程是成功的，不仅给他带来了人气，也给他带来了财富！

"创绩"二：练就过硬本领，开展高端培训

创客是用行动做出来的，而不是用语言吹出来的。2017年2月20日，东莞实行科目三电子路考之后，各驾校合格率直线下降，教练不知如何教，学员更是畏惧考试，谢勇忠看在眼里，急在心里，他想起了"先学员之忧而忧，后学员之乐而乐"这句王牌教练员格言，想起了老师在讲课中说过这样一句话："只要精神不滑坡，办法总比困难多。"于是，谢勇忠回到老家湖南郴州，找到早就实行电子路考的考场，拜考试安全员为师，请他们传授技巧。回到东莞，他又找朋友搞到科目三不及格的数据，然后进行有针对性的教学研究。功夫不负有心人，4月的考试，他有20名学员参考，17人通过，合格率达85%，而同期东莞科目三合格率仅为30%左右。谢勇忠的学员科目二的成绩更好，15个参考，全部过关。看到学员过关后欣喜的笑脸，听到学员由衷感谢的话语，谢勇忠觉得一切的付出都值了。至今，谢勇忠在东莞驾培界，无论是科目

二还是科目三，都是合格率最高的教练。在此基础上，王牌教练员培训营李明军老师建议谢勇忠搞"一费制"培训，走高端培训的路线。谢勇忠听进去了，也做到了。2017年，谢勇忠基本上放弃了4400元/人的普通班的招生，以招收VIP学员为主，而且他的VIP班是东莞市小车学车收费最高的，8500~8800元（熟人介绍优惠300元），全年招收学员均过百人大关，纯收入突破40万元。

"创绩"三：勇当"驾培神医"，专治"疑难杂症"

一旦创新成为信仰，一切险阻都将化为坦途！2018年，谢勇忠在"创客教练"的征途上又迈出了新的步伐。这一年，谢勇忠又基本上放弃了从科目二到科目三的VIP招生与培训，以招收科目三委培为主，专门招收几次科目三考试不过的考生，进行针对性、个性化的培训，帮助那些打退堂鼓、在悬崖边上的考生重拾自信。"五次姐"的帖子在谢勇忠的圈子里比比皆是。"全托班的小傅之前考了4次都没过，不敢约考，有效期又快到了，心里着急又害怕，盼望有人能帮她一把过，听说谢教练的全托班保证一次过，还能保证敢上路，马上进群了解。她坚持每天来谢教练这里练车，打车来回100多元，不怕辛苦不怕花钱，因为她来练了一次就觉得有信心了，觉得这钱花得值。经过几天的努力，她练好了基础，考试一把过，驾车敢上路，找回了自信，证明了自己。"

"全托班的婷婷很文静特胆小，之前考了4次都没过，找到谢教练报了全托班，但还是不敢约考，就怕失去最后一次机会，所以一直不敢来。婷婷就是那种请不来，哄不来，骗不来，吓不来，抓不来，逼不来的学员。直到五一放假，谢教练说让她试练几天，再约考，她才过来。经过几天的辛苦努力，她终于练好基础，学到王牌教练的技术，敢驾车上路了，自己有信心了，考试一把过，顺利拿证。"

如今,"创客教练"谢勇忠不仅在东莞驾培圈里赫赫有名,在全国王牌教练员圈里也大名鼎鼎。机动车驾驶培训这份工作,不仅可以帮助别人,也能成就自己。为此,他把女儿谢煜佳招至麾下精心培养,还把她送入"第81期王牌教练员培训营"深造,一个小"创客教练"又在成长。

十五、驾培财富第三波

《财富第五波》是前几年由美国著名经济学家,未来学家和趋势研究专家、美国前总统布什和克林顿的高级经济顾问保罗·皮尔泽所著。该书为读者揭示了继蒸汽机引发机械化时代、电气化时代、计算机时代和信息网络时代之后,已经到来的健康保健时代将怎样冲击并改变人类生活生存观念,并由此引发新一轮资本财富投资方向转移的大革命,即财富第五波革命。

这本书笔者看了几遍,目的不是试图妄想领悟财富的密码,而是想借用保罗·皮尔泽的思维方式探究驾培财富到底有几波。在多次翻阅思考之后,笔者得出了两个结论,一是财富的靶子是移动的,而不是静止的;二是驾培的财富有三波,目前正处在第三波的起步形成初期。

驾培财富第一波是学关系学的

掌握驾培财富第一波的代表者东西南北中都有,这其中好多人已经功成名就,全身隐退,远离驾培江湖;也有的且战且退,仅维持着核心的一块阵地,以平常心笑看云卷云舒,淡观潮起潮落。他们的财富故事都已经成为现在的驾培人逐渐淡忘的传说。

改革开放之初,没有人把驾培当作财富的蛋糕,那时想挣钱就"下海",于是形成了"下海潮"。"下海"主要是指做商业贸易,或者投资制造业。驾培能挣钱,而且能成为一个产业,能看懂这一点的人凤毛麟角,能够把握这一点的人更是千里挑一。这些人大都是驾培业内的人,有关系可依靠。

那一个时期的驾培市场是井喷式的爆发,不用考虑招生,不用讲究服务,只要快拿证,易拿证就行,于是**名额和合格率就成了驾培财富密码**。搞定了关系,培训名额可以随时增加;搞定了关系,合格率像弹簧一样可以有相当大的伸缩空间;搞定了关系,可以自己审批考场,自己掌控合格率;搞定了关系,甚至可以当"驾校掮客和批发商",别人拿不到的驾校审批,他们能拿到,拿到之后运营一段时间还可以转手倒卖。这一波驾培财富获得者,千万富翁算不了什么,亿万富翁也不是个位数。这一波财富是权力推动的,而获得这一波驾培财富的老板都是情商极高的人,都是精通关系学的人。

靠关系,好景不能太长。靠人人会走,靠山山会倒,靠风风会停。随着反腐风暴横扫中华大地,加之电子化考试的普及,培训名额的透明与过剩,驾培财富第一波的开关关闭了。

驾培财富第二波是学服务学的

在驾培市场逐渐由短缺经济、卖方市场向平衡经济、质量经济过渡,驾培市场的财富密码也随之而改变。学关系学的逐渐失势,学服务学的逐渐扬眉吐气,获得市场的认可,其中最具代表性的当属北京东方时尚驾校。

东方时尚驾校成立伊始,就完全摒弃了传统的师徒观念,独树一帜地提出了朋友式的教学关系的学车新概念。这种服务关系的全新定位,使东方时尚驾校在短时间内实现了高位起步、高速跨越和高效管理。"让每位学员都满意"是东方时尚驾校的名片和服务宗旨，更是其制胜的法宝，如今已成为东方时尚驾校宝贵的无形资产和金字招牌。围绕着让每位学员都满意的工作标准和追求，东方时尚驾校形成了校领导服务于中层干部，中层干部服务于全体员工，全体员工服务于广大学员的三级服务链。东方时尚驾校的服务链，赢得了广大学员的口碑。学员们说："东方时尚'让每位学员都满意'八个大字落地是金。"

服务落地就是金，东方时尚驾校的"服务学"使他们获得了迄今为止中国乃至世界驾培财富中最大的一块蛋糕。2016年，东方时尚驾校上市后市值超百亿元。榜样的力量是无穷的，东方时尚驾校"服务兴校"的示范和引领作用对中国驾培行业的冲击是巨大的，各地也相继出现了一批服务优质的明星驾校。这些驾校无论是招生数量，还是招生价格都遥遥领先，财富的天平向它们倾斜，驾培市场上的第二波财富之星诞生了。**中国驾培市场的财富密码由"关系驱动"切换成"服务驱动"。**

驾培市场"服务驱动"的理念已经发展了十几年，服务的理念已经深入人心了，由于驾校服务都做得不错，于是服务驱动驾培市场的动力越来越不足，下一波驾培财富的驱动力是什么呢？是学互联网的？是学金融资本学的？笔者以为以上都不是，而是学教育学的。

驾培财富第三波是学教育学的

驾培行业说到底是一个实用技能的培训行业，也属于教育类别。不忘初心，牢记使命，驾培行业的初心和使命是什么？是培养能够安全驾驶文明驾驶的合格驾驶人，服务好不是我们的初心和使命，只是我们践行初心、实现使命的一个手段和工具而已。"教育"与"服务"是里与表、内容与形式的关系，没有服务的教育无法立足市场，没有教育的服务是舍本逐末。如果学员只重视服务质量,忽视培训质量,那是买椟还珠。然而,"服务"的这一手段和工具被许多人误用、歪用,损害了驾培行业的初心和使命。有的驾校把快拿证、易拿证作为服务学员的核心内容,把应试教学训练研究运用到了极致,于是推行各种教学法的"导师"大行其道。这些"得道"的驾校,培训时间少,合格率高,但拿证的学员都不敢开车上路,更不用谈安全驾驶文明驾驶了,这种畸形的"服务学"实在是驾培行业的悲哀!追根找初心,溯源寻使命,驾培必须回归到教育培训这一核心基础,基础不牢地动山摇,没有扎实的驾驶培训教育基础,服务得再华丽也不会长久、牢靠。

驾培行业终究要回归教育。什么是教育?我国著名教育家叶圣陶先生做了诠释:"什么是教育?简单一句话,就是要养成习惯。"什么是习惯?所谓习惯就是经过重复练习而巩固下来的思维模式和行为方式。通过应试培训,让学员顺利地拿到驾照是驾校商业上的目的,不是教育的目的,让学员养成良好的驾驶道德、习惯和心态才是驾校教育的目的。**驾培行业第三波财富应该是也必将是:正本清源,回归教育,拨乱反正,素质培训。**未来行业的领导者、财富的创造者一定是拥有一批名师名教、厚德载物、严谨教学、质量领先的驾培界的"北大""清华"。通过这些驾校获得的机动车驾驶证,其中的知识和技能的含金量与其他驾校差别很大。这种差别的创造者就是驾培财富第三波的拥有者。

第二章

转型
创新

一、驾校转型源于驾培市场的颠覆性变化

供求关系在颠覆

《全国驾培行业蓝皮书——2019驾培产业发展报告》指出：2016—2018年，我国驾培行业的新增学员数在增长了多年后持续三年下降，其中，2018年下降幅度达到10%。而与此同时，教学车辆和驾驶培训机构数量则在持续上升，2017年相比于2013年分别增长了43%和42%，由此可见，驾培市场供需呈现不平衡的状态，供大于求已经成为市场常态。

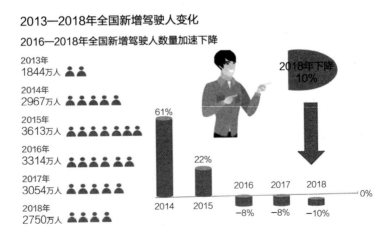

截至 2017 年底，全国共有驾校 17804 所，自 2009 年以来，我国驾校的数量以每年 1000 所的速度递增，2016 年驾校审批制变为备案制后，驾校的数量更是出现快速增长的势头。

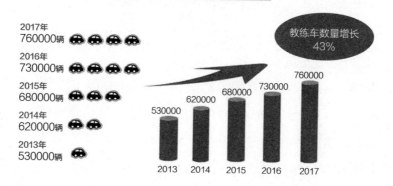

目前，全国教练车的数量已经接近 80 万辆，以每辆教练车每月培训 6 人计算，每年培训能力已达 5760 万人，而实际生源却仅有 2000 多万人，由此可见，驾驶培训能力已经严重过剩。

山东省莱芜市（现为济南市莱芜区）人口为 134 万人，2013 年以前有 7 所驾校，年报名量和培训能力大致在 3 万人左右，供求关系基本平衡。截至 2018 年，莱芜的驾校增长到了 11 所，培训能力超过 6 万人，报名量却萎缩到 2 万人左右，培训能力严重过剩。从人口驾校比上看，莱芜的情况在全国还算是好的，仅为平均 10 万人以上一所驾校，在很多的县区，早就达到 4 万人一所驾校的密度了。

河南新蔡县：130 万人口，17 所驾校，人口驾校比：7.6 万。

河南淮阳县：130 万人口，24 所驾校，人口驾校比：5.4 万。

菏泽牡丹区：130 万人口，30 所驾校，人口驾校比：4.3 万。

驾校转型启示录

眉山东坡区：80万人口，22所驾校，人口驾校比：3.6万。

……

驾校的生源由积压到持平，再到不足，这种恐慌已不是杞人忧天，而是今天残酷的现实，随着驾校数量的继续增加和报名人数的减少，这一现实将更加残酷！

招生模式在颠覆

自2004年驾培市场放开的十多年来，驾培市场的主要招生模式经历了三个阶段：开放之初的几年，驾校的招生模式是"坐商时代"，那时驾校不太多，数量不到现在的三分之一，学车的人中高收入、高学历、高职位的比较多，驾培市场求大于供，学员充足，驾校不用专门招生，坐等学员上门就可；中间的几年，驾校经历了"渠道时代"，随着驾校数量的增多，驾校供求关系达到平衡，于是驾校纷纷主动出击，四处设立招生点；最近几年，驾校经历了"全员时代"，在市场供求关系发生逆转、供大于求之后，驾校招生更加困难，驾校开始提出"千斤重担众人挑，人人身上有指标"的口号，将招生任务分解到每个教职员工身上。

我国驾培市场招生模式的三个阶段也和中国经济所经历的三个阶段——短缺经济、质量经济和品牌经济基本相吻合，必须采取与经济阶段和供求关系相适应营销模式。现在已经进入了互联网经济的时代，人们生活消费观念和方式正在发生根本性的变化。面对变化，商业模式由传统的"摆地摊"到超市，再到无论卖什么都要尝试网上销售。这就是未来商业的主流。

面对"互联网+"的时代，坐等学员上门就是坐以待毙；继续坚持以"渠道为王"四处设招生网点都将是高投入低产出，必会困死于渠道之路；全员招生虽然有利于提升教练员的服务意识，增加教练员的收入，但效果毕竟也有限，不能一条路走到黑。未来驾校的招生必将是"网络时代"。一个不会经营"网络驾校"的校长，他的驾校将会在竞争中颓败。

收费模式在颠覆

自20世纪50年代第一所驾校成立以来，一直到2012年底，我国驾校的收费方式都是沿用先交费、后培训的方式，这和中国教育自古至今收费方式相同。

2015年11月30日国办发〔2015〕88号文公布的《关于推进机动车驾驶人培训考试制度改革的意见》第二条规定："实行计时培训计时收费。改变驾驶培训机构一次性预收全部培训费用的模式，推行计时培训计时收费、先培训后付费的服务措施。实行学员自主预约培训时段、自主选择教练员、自主选择缴费方式。试点学员分科目、跨驾驶培训机构参加培训。"

纵观国外机动车驾驶培训机构，他们的收费模式也不是统一的，欧美的驾校大都是备案制，可以个体执教，没有训练场，训练都是在公共道路上进行，训练不受学时限制，这些国家都是先培训后收费。亚洲的机动车驾驶培训方式大致相似，日本也有驾校，也都有场地培训科目，驾校也要审批，也都是先交学费后培训。

是先收费还是后收费，或者分期付费，这是企业自主经营的权利。

究竟是欧美还是亚洲的驾培模式更符合中国国情，究竟是应该先收费后培训，还是先培训后收费，现在争论已经意义不大，政府的导向性已经很明确了，驾校只能顺应。那种驾校账户上总是有预付款可以进行资金运作的时代或许即将过去，在资金问题上，过去驾校校长在考虑如何使闲置的资金转起来，以后可能要考虑如何垫付资金维持驾校的运转了。

培训模式在改变

《机动车驾驶培训教学与考试大纲》对训练内容、目的要求、训练课时都做了规定，但对是一个教练员单独完成对学员的训练还是由几个人合作完成对学员的训练没有做明确规定，因此各地也就出现了形形色色的训练模式，有传统的师傅带徒弟延伸而来的"一条龙"训练法，也有按照现代分工合作的生产流程派生出来的"流水线"培训法，还有"预约培训"的培训法，这其中既有城乡差别，也有南北差别。

从"一条龙"到"流水线"，再到"预约培训"，驾驶培训模式向多元化在改变。

考试模式在颠覆

我国的机动车驾驶考试经历了四个阶段——人考、机考、预约考、异地考。

从20世纪50年代一直到21世纪之初，我国的驾考均是采用人工评判，在各地的车管所里都有一批专职考官，那个时代我国学车的人少，考官把关严。后来，随着汽车市场的繁荣，学车的人越来越多，车管所里的考官成了炙手可热的"好差事"，有人千方百计地想钻进去当考官，也有人当了考官后，即便官升一级被提拔到别的岗位，也会千方百计地留任不走。也就是从这个时候开始，车管所里腐败的窝案屡见不鲜。

为了考试的公平，也为了防止腐败，于是"机考"就逐步替代了人考，从个别项目到全套项目，从辅助到"唱主角"。也就是从这个时候起，机动车驾驶培训中应试培训大行其道，学员积压、考试难也成了社会关注的事情，于是为了平息不满、缓解矛盾，"预约考试"就浮出了水面。

2013年6月1日，武汉推出网上驾考预约系统，所有科目的考试必须通过网上报考，实现"驾考分离"。这一举措旨在避免驾校收取考试的"优先费"，让学员自主选择考试时间和地点。

2015年3月1日，《贵阳晚报》记者报道：从贵州省交管部门获悉，交管部门目前已引入驾考智能评判系统，今年上半年，贵州省交管部门将全面放开考试受理名额的限制。此后只要学员学时达标，可以随时报名参加考试。

预约考试已成为趋势，过去的人考、机考都是由驾校申报，权力掌握在驾校里，预约考试权力掌握在学员手中，预约考试是对驾考模式的突破，而考试模式的颠覆则是异地考试。

公安部2019年4月10日在北京召开新闻发布会，通报公安部推出10项"放管服"改革新举措。公安部新闻发言人郭林透露："小车驾驶证'全国通考'。"申请人可以持本人身份证在全国任一地直接申领小型汽车驾驶证，不再需要提交居住登记凭证，实现全国'一证通考'"。

分科目考试异地可办。申请人报考小型汽车驾驶证已通过部分科目考试后，因工作、学习、生活等原因居住地变更到外地的，可以申请变更考试地，继续参加剩余科目考试；大型汽车驾驶证省内异地申领。对省（区）内异地申领大中型客货车驾驶证的，申请人可凭居民身份证直接申请，无需再提交居住登记凭证。"根据这一精神，学车考试可以不拘泥于一个地市、一个省区，学考的自由度空前提高。

已经实行预约考试的城市都遇到了合格率下降、网上预考难的问题，实行异地考试后驾校又面临学员流失的问题，这一切都是驾校在改革转型中要面临和解决的难题。

运营模式在颠覆

我国驾培市场允许民营资本进入已有十几年了，运营模式经历了从小资产到重资产两个时期。放开之初，众多民营驾校的投资都很小，1995年底北京东方时尚驾校诞生时也仅有注册资金20万元，占地7.5亩，大小货车不过20辆，员工几十名，经过二十多年的发展，现在坐落于北京市大兴区金星西路的总公司，占地面积3000余亩，现有各种训练用车3000余辆，员工5000余人，总资产达40.1亿元，2014年被世界纪录协会认证为"世界上规模最大的驾驶员培训机构"。2016年新年伊始，东方时尚驾驶学校股份有限公司在上海主板成功上市，昆明、石家庄、荆州、呼和浩特、淄博东方时尚驾驶培训有限公司均已投入运营，重庆、湖北、江西、深圳、苏州、长沙等项目正在筹建中，全国连锁化的布局不断增加覆盖。

随着我国汽车市场的火爆和服务业的兴起，驾校的挣钱效益引起了相对大资本的重视，于是前几年重资产的驾校不断出现，动辄几千万元乃至上亿元投资的驾校屡见不鲜。2012年，云南昆明更是出现了投资近9亿元的一乘驾校，这所驾校仅土石方工程就投入1亿元，基建投入3亿元，安全警示教育基地就投入7000万。一乘驾校创了国内驾校重资产运营的纪录。

如今的驾培市场小资产运营由于硬件建设差，缺乏竞争力，因此很难立足；重资产运营由于回收资金期长、政策多变，因此风险很大。那么未来驾校的投资可能会出现轻资产运营的趋势，58同城收购驾校一点通可能就给了我们这样一个信号。驾校轻资产运营的基础是要有核心竞争力，依托是自己独特的企业文化，利器是品牌影响力，关键是利益关系的整合，要素是招生的优势和训练服务质量的控制。轻资产运营的驾校正在萌芽之中，但也许明天会成为趋势。

不管你是否愿意，不管你是否接受，不管你是否有所准备，这种变化已然来临。每位校长都是驾校的舵手，船老大们都知道：当我们不能改变风的方向时，我们就要尽快改变帆的方向，否则不是翻船，就是倒退。伴随着变化，中国驾培市场的转型期来到了，洗牌期也来到了。变化是危机，也是机遇，任何一次机遇的到来都必将经历四个阶段：看不见、看不起、看不懂、来不及。万通集团董事长冯仑认为：董事长要做的三件事——看别人看不见的地方，算别人算不清的账，做别人不做的事。看见未来的人才有未来！ 机遇面前人人平等。今天，如果你还在抱怨，不去努力，就一定成就了别人！你不做，别人会来做，你愿不愿意又何妨！你不成长，没人会等你！

二、驾校转型是被逼上梁山

逼上梁山是一个汉语成语，源于《水浒传》中林冲的故事，比喻不得不做某些事情。林冲是80万禁军教头，京官，家有娇妻。日子过得好好的，没有人愿意主动上梁山的，上梁山都是被逼的。卢俊义家有万贯，河北首富，宋江官位不高，但起码也是科级干部，在江湖上呼风唤雨。这些人中没有一个人愿意抛家舍业背井离乡到荒凉的梁山，上梁山是为形势、人事、环境所逼所迫，不上梁山性命难保，不得不上。驾校的转型就和上梁山一样，如果我们还像十几年以前那样驾培市场处于求大于供的状态，躺着也能挣钱，谁还自讨苦吃、自找麻烦搞什么转型啊。驾校的转型也是被逼无奈！

驾校转型启示录

被政策形势所逼

2015年11月30日,国务院办公厅下发了《关于推进机动车驾驶人培训考试制度改革意见的通知》,即国办发〔2015〕88号文件,自此为期三年的驾培改革拉开了序幕,驾校在经营管理上开始进行转型创新。驾培市场放开,驾校的准入由"审批制"变为"备案制",其目的就是要通过竞争,让"优质产能"淘汰"劣质产能";"预约培训"就是要逼迫驾校改变"多人一车"的粗放式培训模式,保障学员的权益;"先培后付"就是逼迫驾校改善服务,提升服务,因为学员不满意,学费不到账;还有"预约考试""学时对接"等一系列政策措施,是以"安全第一、便民利民"为出发点和落脚点的。驾校不适应、不进行改变和转型,政府就会动用行政手段促使驾校去适应、改变和转型。

被竞争对手所逼

驾培市场就这么大的份额,没有增加反而在下降,"狼多肉少"日益突出,消费者越来越精明、理性。在当今驾培市场,物竞天择、适者生存的"丛林"法则每天都在上演,只有比对手更高、更强、更快,才能生存下来。你不学习,你的竞争对手在学习,不仅领导要学,而且要全员学。驾校高层参加《驾校经营方略》的学习,教练员参加学习《驾校教练员的五项修炼》,客服人员参加《驾校金牌客服》的培训班,上下人员思想在一个频道,要进行顶层设计以整体提高。你不改变,你的竞争对手在改变,从改变形象到改变行为,从更新观念到创新教学,从集体戒烟到微笑服务,从首问负责到学车顾问,一点点,一项项,要稳扎稳打、步步为营地向前推进。在学习和改变中,你和竞争对手的距离就在不知不觉中逐渐拉开,你还能原地踏步坐得住吗?你只能举起"转型创新"的旗帜奋起直追，后来居上，否则只能被淘汰。这个世界上最恐怖的事情就是比你优秀的人比你更努力！

被内部管理所逼

我不知道到目前为止已经考察过多少驾校，尤其是最近几年把工作的重点放在"助推区县驾校，携手共进合作共赢"之后，一天考察七八所驾校是家常便饭。我经常看到的是有着多年建校历史的驾校，管理培训模式七八年甚至十几年一贯制，变化不大。

培训套餐只有一个——"东北乱炖"。"东北乱炖"百度百科是这样解释的：东北乱炖，又名大丰收，是一道东北的传统名菜，素有"大杂烩"之意，即将豆角、土豆、茄子、青椒、番茄、木耳等多种蔬菜与肉类一同炖至熟即成。这种驾校采用"多人一车"的培训模式，没有区别，没有差异，不管你是"富人"还是"穷人"，不管你是"忙人"还是"闲人"，不管你是男人还是女人，不管你是老年人还是青年人，不管你是知识分子还是文盲，都统统地放在一辆教练车上，由一个教练"大厨""一锅烩"。在服务越来越精细化、个性化的今天，这种培训模式不转型能生存吗？

规章制度——挂在墙上的"画"。国有国法，家有家规，企业要有规章制度。规章制度是企业赖以存在的体制基础，是企业及其构成机构的行为准则，是企业员工的行为规范。企业管理分为三个阶段，即人管人阶段、制度管理阶段、文化管理阶段。有些驾校没有制度只有说法，这些说法都是老板讲的，没有形成文字，更没有系统化，大家的工作就是跟着感觉走，你说他们没有制度，他们还很委屈，指着墙上的制度牌说，我们有制度。其实，这些制度都是从网上下载的，或者从其他驾校抄来的，作用只有一个，就是应付主管部门的检查与验收。一个没有组织框架，没有管理制度，没有员工手册的驾校能够各司其职高效运转吗？能够创建品牌长期生存吗？这种没制度的驾校不补课、不转型能有明天吗？

执教方法——十个先生九本书。很多驾校的管理者都为教练员的训练方法不统一感到头疼，现在行业管理部门又在大力推广"预约培训"，学员选择的教练员不再是从头到尾固定的一位，而教练员的教法又都不一样，让学员无所适从，这不仅会影响合格率，更会影响今后的安全驾驶。部队打枪打炮要标准统一，学校的书本课程要统一，驾校的训练毫无疑问也要统一，先僵化再优化，这种"十个先生九本书"各行其是的"游击"训练法不改变，能有竞争力吗？

三、驾校转型要实现两个回归

富阳区位于浙江省杭州市的西南角，古称富春，杭州市辖区。与西湖区、萧山区、余杭区接壤。富阳辖区总面积为1831平方公里，辖5个街道、13个镇、6个乡，户籍人口为65.9万。

富阳区现有驾校九所，分别为桐江、新兴、迅达、浩凯、民权、祥隆、远大、顺通、钱竣，拥有各类教练车656辆，从业人员750余人，C1价格4800元，年培训报名人数2014年为32650人，2015年为31205人。在正常年份，外来人员占50%以上。

富阳九所驾校全部是挂靠经营模式，每报一名学员仅收846元管理费用（含税），自有车辆很少。富阳规模最大的桐江驾校拥有大小训练车118辆，只有5辆属于自营，其中包括3辆大车，三块训练场合计面积45000平方米，年租金90万元（由于办校时间长，租金相对其他驾校较低），每年支付的工资在70万元左右，加上其他的开支，每年的成本不少于200万元。招生大幅下滑后年招生约为4000人，年收入在300万元左右，盈利在100万元左右。桐江驾校是富阳九所驾校中经营情况最好的，其他大部分驾校由于租金高，招生少，都处在持平和亏损的状态。

"东边有山，西边有河"——合作共赢让他们看到了希望。

富阳四位参加"县区驾校携手共进合作共赢【婺源模式】"研讨的校长算了一笔账：富阳常住人口为65.9万人，婺源人口仅有36万人，算上外来人口，富阳人口是婺源的一倍多；富阳教练车656辆，婺源教练车97辆，是婺源的六倍；正常情况下，富阳年招生量为3万人，婺源是3千人，生源是婺源的十倍；富阳和婺源的C1的招生价格都是4800元，但婺源五所驾校年盈利总计600万元以上，而富阳却在亏损。

"春夏秋冬，忙忙活活，急急匆匆，赶路搭车，一路的好景色，没仔细琢磨。回到家里还照样，推碾子拉磨，迷迷瞪瞪上山，稀里糊涂过河，再也不能这样活，再也不能这样过，生活就得前思后想，想好了你再做。"

富阳的四位校长在算账在思考之时，强烈地意识到富阳驾培这架"老车"再也不能走过去的"那道辙"。

"前面有车，后面有辙，"学习合作共赢模式，改变经营思路，不能再端着金饭碗讨饭吃了！

"生活就像爬大山，生活就像趟大河"——"回归"是他们的大山和大河。

从婺源回来后，四位校长把合作共赢模式向没有参会的校长和运管处的领导做了汇报，之后他们在很短的时间内初步统一了思想——筹建富阳"久和"机动车驾驶员培训有限公司，走联合之路，九所驾校的投资人以自然人的身份注册，并很快确定了股份比例和办公地点，以及董事长人选。但公司成立后如何运作？如何"爬大山""趟大河"？他们再度陷入困惑。

面对大家的困惑，我的回答是一如既往地直言不讳，我认为富阳驾培的未来要做好"两个回归"。

回归"企业"

从形式和名义上看，富阳九所驾校都是"企业"，但又不是完整的企业。一个从事培训服务型的现代企业包括多少要素，我们不做全面系统的探求和研究，但基本要素一定少不了劳动者、物质资料、原料三个方面。劳动者是指企业系统中的全体职工，包括经营者、管理者和工程技术人员、生产人员等。劳动者是现代企业生产经营活动的主体，是构成企业系统的首要要素。抛开劳动者数量的多少、素质的高低不论，首先这些劳动者要属于企业。富阳九所驾校真正属于自己的员工少的仅三五个人，多的也不过十几个人，这些员工基本都是管理与业务、客服人员，而几乎全部教练员都是挂靠，具有不确定的临时性、随意性，缺乏稳定性，更没有归属性，因此从劳动者这个层面上分析，富阳的驾校是不完整的企业。物质资料是指生产加工产品的硬件设施，比如厂房设备等，在驾校就是训练场地和教练车。在富阳，训练场地毫无疑问都是驾校老板租赁和修建的，但九所驾校的固定资产仅有不足 100 万元，车辆几乎都是挂靠教练员自己投资购买，因此从物质资料这个层面上分析，富阳的驾校也是不完整的企业。原料在钢铁企业指的是矿石，在纺织企业指的是棉花，在驾校指的是学员，钢铁厂的矿石和纺织企业的棉花都是企业自己采购的，从原料到半成品，再到成品，无论走到哪个流程，原料都属于企业。富阳九所驾校的"原料"——学员并不真正属于驾校，他们是由教练员招收的，由教练员负责"加工"，无非是借用了驾校的平台和名义而已，因此从"原料"这个层面上分析富阳的驾校仍然是不完整的企业。回归"企业"，就要实际拥有自己的劳动者——教练员，自己的物质资料——教练车，自己的"原料"——学员，而目前富阳九所驾校并没有真正拥有上述三要素。要想转型，就要变"平台"上的"仆人"为真正企业的"主人"。

根据上述的分析，驾校要回归企业，必须要做到三个有效控制。一要控制市场，即亲自招生。富阳驾培市场年培训量为三万人，C1为4800元的培训费，可以说是一个宝山，可是我们过去就是一个"卖矿石"的，而不是做"玉石"深加工的，捡了芝麻，丢了西瓜。二要控制资金，而不是仅仅收几个所谓的"管理费"。资金是企业的血液，能否正常地循环流通，决定着企业的生存与发展，如果资金流量不足、流通不畅、资金断链，企业就会出现危机，富阳以及其他地区的许多驾校，挂靠的教练员并不是将几千元的报名费都存入驾校账户，存入的仅仅是几百元的"管理费"，驾校很被动地受制于人，承担着巨大的财务风险。三要控制加工"产品"的过程，即培训过程。许多挂靠经营的驾校对培训流程完全是"放羊式"的管理，在学员心中完全没有驾校的概念，培训质量和服务质量的好坏完全取决于教练员的素质。驾校的培训流程，从理论模拟培训，到场地和道路培训，是一个完整的流水线，只有完美地控制了过程，才能有满意的学车体验。

回归"教育"

驾校究竟如何定位，不同的时间，不同的市场，投资者经营管理者对驾校的定位不同。十几年以前，驾培市场求大于供时，驾校被当作投入少产出多的"驾照加工厂"；之后随着驾校数量的增多，培训能力的过剩，驾校被普遍当作服务型企业，只有"让每位学员都满意""我们的服务与您的需求同步"才能保持企业的可持续发展。把驾校当作教育单位的却少之又少。

教育分两类，一类是教知识，另一类是教技能。教知识的是"教书育人"，教技能的是"教技育人"，教育的本质是一样的，从这个意义上说，驾校也是学校，是一项应用技术培训的职业教育单位。教育单位就要回归"教育"。什么是教育呢？我国著名教育家叶圣陶先生也说过："什么是教育？简单一句话，就是要养成习惯。"什么是习惯呢？所谓习惯，就是经过重复练习而巩固下来的思维模式和行为方式。美国心理学家威廉·詹姆士说了这样一句话："播下一个行动，收获一种习惯；播下一种习惯，收获一种性格；播下一种性格，收获一种命运。"

回归教育就是不忘初心。"初心"就是为社会培养安全文明的机动车驾驶人，汽车驾驶教练员作为技能型教师，帮助学员顺利毕业拿到驾照，不是我们工作的主要目的，帮助学员能够熟练地驾车并养成良好的驾驶习惯，这才是我们的目的所在。可是我们过去没有抓教育，或者很少抓教育，或者仅仅抓了"合格率"，在如何给学员养成良好的车德、良好的驾驶习惯和驾驶心态上下的工夫少之又少，既然是学校，教育的综合质量是本质，是一定要回归的。

"两个回归"是一项长期而艰巨的任务，有艰难，也有险阻；有大山，也有大河，如果我们战胜不了艰难险阻，爬不过山，趟不过河，就只能是"落后的产能"，被市场那只"无形的手"所淘汰。富阳驾校和国内其他地区的驾校一样前面就只有一条路——"回归"。不管是个体的形式，还是集体的形式，都只有"回归"。

"回归"是战略问题，要有科学得当的战术配合，先做什么，后做什么，怎样做，这些都需要富阳驾校的投资人仔细斟酌。开弓没有回头箭，相信富阳驾校投资人的决心和智慧。

但愿富阳的驾校和国内其他地区的驾校在"回归"的道路上"一步一个脚印,稳步回归。"

四、驾校转型必须跨越四道门槛

队伍的职业化

在驾培市场培训能力严重过剩的今天,驾校要想脱颖而出、站稳脚跟,就只有创立品牌,然而品牌的支撑是品质,品质的支撑是管理,管理的支撑是队伍。没有职业化的员工队伍就没有科学化的管理,没有科学化的管理就没有良好的学车品质,没有良好的学车品质就没有驾校的品牌,因此教练员是驾校的核心竞争力,教练员的职业化程度对驾校的可持续发展至关重要,不管驾校美化、绿化多么好,没有职业化的教练员队伍一切都等于零。教练员队伍的职业化包含两层含义:

(1)教练员队伍的职业化是一个与时俱进的概念

与时俱进是指观念、行动和时代一起进步,准确把握时代特征,始终站在时代前列和实践前沿。早在商代就有"苟日新,日日新,又日新"的名言,孔子非常赞赏这句话,他说:"日新之谓盛德",意思是说,如果能够做到天天都创新,那是最高的道德。

在驾培市场重新洗牌的过程中,教练员作为驾校的主体和核心竞争力是否能够与时俱进,不仅关系到教练员自身的发展和收入,更关系到所在驾校的生死存亡。纵观近二十年来驾培市场的变化,教练员的与时俱进能力,笔者认为分成三个阶段:

第一个阶段:十几年前的教练员,与时俱进的能力指的是训练培训的能力,也就是提升合格率的能力。因为此时的驾培市场处在短缺经济

驾校转型启示录

时期,许多县区只有一所驾校,有的甚至还没有,爆发性的市场使为数不多的驾校学员爆满。驾校是皇帝的女儿不愁嫁,是酒好不怕巷子深。这一时期的驾培市场是卖方市场,驾校是等学员,挑学员。那一时期,许多职业司机改行当了机动车驾驶教练员,与时俱进对教练员来说就是从会开车到会教开车的转变,不需要教练员招生,驾校会分配学员。这一时期,教练员与时俱进的内涵是要熟悉培训科目、考试流程,合格率是驾校的硬道理,也是考核教练员的硬指标,让学员尽快地拿到驾驶证是教练员的第一要务。

第二个阶段:八九年以前的教练员,与时俱进的能力指的是服务能力,因为这一时期的驾培市场处在平衡经济时期。大量的民营资本进入驾培行业,驾校如雨后春笋遍地而生,驾培市场进入了饱和阶段,学员学车有了挑选的余地,驾校由坐商变成了行商,驾校开始找学员,招学员。驾校会给教练员分配部分学员,教练员自己也要招学员。这一时期教练员与时俱进的内涵是不仅要让学员顺利学车,还要愉快学车,服务上不能有吃拿卡要、粗暴教学的行为,不仅要给学员基本服务,还要给学员满意服务、超值服务,甚至感动服务,要想学员之所想,急学员之所急,教一个学员如同交一位朋友,让每位学员都满意。这一时期,服务观念和服务能力成为教练员是否与时俱进的标志。

第三个阶段:2018年以后,从事机动车驾驶培训的教练员,与时俱进指的是营销招生能力,也就是教练员的个人口碑和票房价值。因为驾培市场已经到了过剩经济时期,各地的培训能力已经严重过剩,僧多粥少,家家食不果腹,驾培市场早已变成了买方市场,驾校开始争学员,抢学员了。驾校没有学员分配给教练员,或者只能分配很少的学员,学员主要靠教练员自己招。这一时期,教练员与时俱进的内涵是不仅要重责任、善服务、精教学,还要会营销,要以市场为中心,有鲜明的教学服务特色，有"造血"的能力。这一阶段，和驾校的关系要重新定位，驾校相当于一个剧场的舞台，而教练员是这一舞台上的歌手、舞者，教练员的表演出彩，就会有源源不断的观众来买票观看演出，反之则会失去"票房价值"，被淘汰出局。

（2）教练员队伍的职业化是一个综合性的概念

第一，"重责任"，也就是要有职业担当。有担当就要敬业。在职就要尽职，上岗就要爱岗。有担当就要对待学员像春天般的温暖，对待工作像夏天般的火热，对待技术像秋天般的成熟，对待安全隐患像冬天一样残酷无情。有担当就要杜绝吃拿卡要和粗暴教学，培养合格的驾驶员，为构建和谐驾培、安全驾培贡献自己的力量。

第二，"善服务"，也就是要有现代服务意识和能力，要给学员以正确的定位：学员是照顾了我并且需要我照顾的人，不仅给学员基本服务，还要给学员满意服务、超值服务、感动服务，教一名学员，交一位朋友。

第三，"精教学"，也就是专业技术素质过硬。通过自己的言传身教，培养学员具有良好的车德、驾驶心态和驾驶习惯，并有计划、有步骤、有方法地进行教学训练。同时，针对不同性别、不同年龄、不同性格的学员因时、因地、因人施教，帮助学员克服紧张的心理，顺利通过考试。

第四，"会营销"，也就是能把自己推销出去。会营销就是通过优质的服务和教学，打造自己的口碑，把学员变成朋友，通过学员源源不断地介绍学员，使自己成为学员喜爱、单位倚重的员工。会营销不但要熟练地掌握关系招生的种种方法，还要熟练地掌握网络招生的技巧，在帮助老板实现价值的过程体现自己的价值。

服务的精细化

过去，有些驾校的经营简单化，简单得不能再简单，不管招生，不管培训，只管"收租子"，对教练员队伍完全是"放羊式"管理，挂在墙上的组织框架图中的机构，如培训部、客服部、市场部、办公室等，实际上都不存在。采用这种经营管理方式的驾校在驾培市场处于求大于供的短缺经济时期，可以生存，甚至还能活得很滋润，但在培训能力严重过剩的品牌经济时期是难以为继的。驾校粗放式的野蛮生长必须回归服务精细化。

服务精细化就是要针对不同的学员给予个性化、细节化、快捷化的服务与教学，而不是不加区别地只提供前文所讲的"东北乱炖"一道菜。例如，在个性化培训服务方面，老年学员协调能力差、记忆力差，怎样来培训？女学员方向感、空间感差，而且往往心里紧张，又该如何培训？农村打工族的学员学开车可能是为了以后做一个职业驾驶员，怎样多给予他们一些增值培训与服务？又例如，在细节化培训服务方面，教练车上冬天有暖宝、棉坐垫且夏天有花露水、风油精吗？训练场地是否实现了无线网络覆盖？是否有手机充电口和多功能充电器？是否为穿高跟鞋来的女学员免费提供平底鞋？是否为骑电动车来的学员提供充电装置？

"需求理论"是马斯洛于1943年在《人类激励理论》论文中提出的。书中将人类需求按层次分为五种，分别是**生理需求、安全需求、社交需求、尊重需求和自我实现需求**。这五种需求像阶梯一样从低到高按层次逐级递升，低层次的需求基本得到满足以后，它的激励作用就会降低，高层次的需求会取代它成为推动行为的主要原因。驾校的服务也是一个服务需求不断递升的过程，可谓服务只有起点，满意没有终点。

学员基本需求2.0

经营的差异化

在北京有个很牛气的饭店——厉家菜馆。这个饭店的地理位置有点偏,在北京后海一条不起眼的小胡同里,一个小杂院;这个饭店有点小,开张时只有一张桌子,在过道里搭了一个油毛毡的顶棚,就成了厨房。现在也只有四个小包房,大厅里只有六张小桌子,加起来才十张桌子。这个饭店有点怪,从20世纪80年代开张到现在,来吃饭的食客不准点餐,定个标准,做什么你就吃什么。早期经营时,不收人民币,只收外汇券。这个饭店有点牛,各国大使都来吃过饭,甚至英国前首相希思、美国前财政部长都来过。归为一句话:这个饭店与别的饭店不一样,这个不一样就是差异化。

经营饭店的注重差异化,否则没法生存。经营楼盘的也非常注重差异化,这个楼盘突出亲水性,那个楼盘强调学区房;这个房子说交通便利,那个房子讲居住静谧,总之都有个性差别。可以说,各行各业都在煞费苦心地打造差异化的产品,以增加自己的竞争力。

驾校转型启示录

驾培行业早已进入微利时代。英国实业家李奥·贝尔根据自己的经验，结合时代的特点，把微利时代赚钱的要点概括为六字法则，即"预测、差异、创新"。这六字法则是他在微利时代取得常胜的武器，也是我们当今创业、打开"微利时代"赚钱之门的金钥匙。同质化严重是当今我国驾培市场的一大问题，许多驾校的服务套餐都一样，管理水平与风格一样，企业文化一样，连教练员着装和状态也相差无几。

驾培行业的差异化虽然不能像餐饮业一样打造出八大菜系、成千上万种风格，但在打造差异化方面还是大有可为的。

当别的驾校的教练员还是观念不统一、管理不统一、教学不统一、自由散漫"游击队"时，你的驾校的教练员进行了充分的职业化培训，成为"重责任、善服务、精教学、会营销"的"正规军"时，你在教练员队伍上就有了差异化；当别的驾校只有一种服务套餐，你的驾校根据时间的不同、服务项目的不同、培训对象的不同制定了多样且精细化的服务套餐，你在经营上就有了差异化；当别的驾校都是男教练，你的驾校办起了女教练执教的女子驾校时，你在办学风格上就有了差异化；当别的驾校都在分散经营、各自为战，你的驾校加入了"驾培联盟"、合作经营时，你在组织形式上就有了差异化；当别的驾校还在打价格战，你的驾校却在打服务战、文化战时，你在战略高度上就有了差异化。总之，你什么时候与别人区别开来，什么时候就突出重围了！

在产品和服务日趋同质化的情况下，只有显示出差异，才能从同行中胜出。在市场早已由卖方市场转向买方市场的今天，表面上看市场供大于求、培训能力严重过剩，驾校经营者感觉生意难做，不知从何做起，其实，学员也有选择上的困惑，不知报哪所驾校好？

出现这种局面，其根本原因就是经营者看不到市场的个性需求，不对市场进行细分，不注重产品或服务的个性差异，不去寻找市场的空隙，结果是同质化严重。当今时代，消费市场呈现多元化倾向，个性消费日趋明显。经营者在微利中取胜，重要的是"你无我有""你有我优""你优我精"，打造产品或服务的差异性，以差异性开拓市场、占领市场、取胜市场。只有"风景这边独好"，才能吸引学员，激发他们的消费欲望。

有差异就有市场，有差异就有竞争力，有差异就有利润。差异不在于多，而在于独特，在于别人模仿不了。有句俗话说得好：十样会不如三样好，三样好不如一样绝。

招生的立体化

招生的立体化就是多管齐下。就驾校而言，立体的招生就是构建三张网——天网、地网、人网。

（1）天网——网络战

当今的商战中，尤其是驾校的招生大战中，网络作用的重要性愈发突出。

截至2020年6月，中国网民规模达9.4亿，占全球网民的1/5，手机网民占比达99.2%，手机支付习惯已形成。另据统计，82.2%的网民通过搜索引擎找到了自己所需的信息。

2015年取得驾照的人员中，35岁及以下的80后、90后学员占到了41%，成为考驾照的主流群体，这一群体对移动互联网的接受度和使用度很高。

移动互联网用户中71%的用户在30岁以下，其中24岁以下用户占到32%，年轻化趋势明显。

由此可见，在未来的现代化商战中，没有网络的强力支援要想取胜是不可能的，谁占领了手机屏幕，谁就占领了消费者的心。

驾校从2004年允许民营资本进入以来，已从短缺经济、质量经济发展到品牌经济，与之相匹配的是，驾校的营销模式也逐渐地由坐商到行商，再到网商。历史在发展，时代在变化，可是许多驾校营销还是老思维、旧模式，没能与时俱进。

驾校网络营销不到位主要责任在老板，究其原因主要有两点：

一是老板不重视，员工无意识。有的老板认为酒香不怕巷子深，抓好服务，招生自然就上来了；有的认为招生就是靠降价，别的都是瞎扯；有的认为网络营销看不见、摸不着，花钱没效果，算了吧。老板不重视，员工自然就无意识。

二是老板非常重视，却不知如何开展。这些老板感到"网络营销"是好东西，但由于年龄、知识的局限，不知道如何下手，虽然也建立了网站，做了订阅号，在会议上也强调了网络营销的重要性，但由于无系统、无方法、无团队，效果总不理想，有的干脆把网络营销承包出去。

要打赢现代驾校的招生大战，仅靠传统的教练员队伍是不够的，驾校要组建自己的网络"战略支援部队"；要想使每位员工都成为网络营销高手，摆在第一位的是驾校老板做好"顶层设计"；要让每位教练员把微信变成精彩的机动车驾驶培训的"地方电视台"，首先要办好驾校的"中央电视台"，只有这样，得心应手的网络招生才会给驾校插上腾飞的翅膀。

（2）地网——重点战

驾校营销重点战从空间上分是"一大一小"，即大客户开发和居民小区开发。国人的消费有很强的从众心理，攻克占领大客户和居民小区这"一大一小"的阵地是驾校营销实践从量变中产生质变的必要过程，更关系到驾校的市场份额，关系到驾校的生存与发展。正如《孙子兵法》所说："兵者，国之大事，死生之地，存亡之道，不可不察也。"

每一场营销战役都有战役准备、战役实施、战役攻坚、战役收尾几个环节。以往，驾校的营销重点战有的是只有战略设想，没有战术实施；有的只有"单兵作战、单点射击"，没有"集团作战、海陆空立体轰炸"；有的只是"一阵冲杀，浅尝辄止"，没有一轮一轮地进攻，打持久战。也正是因此，我们才没有拿下这些至关重要的阵地。

重点战因区域空间和学车对象的不同，要不断变化营销的战术。靠山吃山，首先我们要了解山，然后才能找到切实可行的营销卖点和切入点，从攻其一点到四面开花，从蚕食到鲸吞。

（3）人网——全员战

《孙子兵法》开篇曰："兵者，国之大事，死生之地，存亡之道，不可不察也。一曰道，二曰天，三曰地，四曰将，五曰法。道者，令民于上同意，可与之死，可与之生，而不危也。"

商场如战场，影响战争胜负的因素有五个，第一就是"道"，而兵之道的核心是君臣同心，上下同欲。全员招生是驾校招生的第一个手段，是保证驾校正常运营的第一支柱，事关驾校的生存与发展，不可不察。提升全员招生的第一要务是要增加驾校的凝聚力，人心凝聚起来，各种招生战略战术才能够运用到位，队伍打造到位，才能"招之即来，来之能战，战之能胜"。

过去没有做好全员招生的问题主要出在三个方面：不同心，思想调整不到位；不同利，收入杠杆没用好；不同步，行为节拍不一致。

下面案例仅仅是"新华德御"十年间的合作驾校实施全员招生的几个典型：

2011年，石家庄育华驾校招生数量从上一年的7000人猛增到15000人，员工欣喜，同行诧异，这是"新华德御"与育华驾校招生单项合作，进行招生辅导、指导、督导的结果。

2013—2016年，内蒙古兴安盟金立驾校每年都会组织部分员工出国旅游，标准之一就是招生量在300人以上者，而达到这一标准的人员每年都在30人以上。这是"新华德御"的顾问单位。

2016年，陕西咸阳诚信驾校、湖南益阳资阳驾校成为"新华德御"的顾问单位，诚信驾校2017年上半年招生比2016年同期增长33%，其中，一个食堂管理员招生143人。资阳驾校2016年招生比2015年增长20%，2017年1~10月比2016年同期又增长20%，并且收购了一所驾校，托管了一所驾校，实现了逆境增长，弯道超车。

……

这些成绩的取得主要是全员招生的结果，招生想倍增，效益想翻番，仅仅给员工提供招生平台、制定激励政策是不够的，还要给他们传授招生方法，烘托招生氛围，才能把员工变成战无不胜、攻无不克的营销铁军，常打胜仗。

第三章

合作
共赢

一、驾校合作刻不容缓

在剑桥,有个钟被称为"吃时间的虫子",因为在它的顶端有一只凶猛的蚱蜢,每分钟的第一秒,它张开嘴,最后一秒闭上,吞吃时间。这个钟的钟摆形状是西方的棺材,每到整点钟便会重敲一响,提示人们距离死亡又近一步。驾培行业是一个大、中、小投资者都有机会分享的财富蛋糕,由于恶性竞争、价格战,财富蛋糕变成了财富鸡肋,由于不能合作、缺乏自律,这个财富蛋糕正在被"吃财富的虫子"逐渐吞噬。

推动驾校携手共进、合作共赢是"新华德御"的一项重要工作。笔者曾与河南济源、山东莱芜的驾校校长们举行座谈会,就驾校间合作的必要性与迫切性、合作的难点与方式、价格战的危害与行业自律等问题进行了广泛而坦诚的交流。

济源与莱芜有很多相似之处,这些相似之处正是合作共赢的优势所在。其一是地理优势。济源与莱芜都是所在省人口和面积最小且不辖县的地级市。济源市地处河南省西北部太行山南麓,莱芜地处山东中部泰山山脉,两座城市都被群山丘陵包围环绕,市场受周边地市影响不大,不像其他地市你中有我,我中有你,分不清,割不断。两地合作之后随着价格的回升,学员的外流会相对较少。

其二是市场优势。两座城市的驾校和教练车数量与人口的比值都优于全国平均值。济源市人口70多万人,九所驾校,教练车514辆,合计1361人一辆教练车;莱芜市人口140万,十所驾校,教练车609辆,合计2300人一辆教练车。两市的招生价格(不含考试费)接近3000元,济源每年报名量在18000~20000人,按学时收费,科目二每学时70元,科目三每学时80元,课时总收费2740元,外加200元建档费,共计2940元;莱芜每年报名量在27000人左右,招生价格为2920元。两个地市均没有"黑驾培点",挂靠经营的车辆也少之又少,合作中少了其他地市的两大难题——回收挂靠车辆和打击黑驾培。另外,莱芜驾校大多是民营独资,济源股份制的驾校所占比例也不多,这在统一思想上少了不少麻烦。

其三是政治优势。济源与莱芜两市运管部门的领导都是敢于作为、主动作为的改革者,与车管部门的工作衔接顺畅默契。济源市积极推进预约培训、学时对接,在两市运管部门领导的引导下,两市绝大多数的驾校校长都有抱团取暖、合作共赢的愿望,济源的驾校校长联袂去婺源参加了笔者主讲的"合作共赢、转型创新"培训班,莱芜的驾校校长们也在笔者的推荐下就近参观了泰安市东平县驾校的联合模式。

上述三点优势比起许多价格战刀刀见骨、没有最低只有更低的地市,比起挂靠经营和黑驾培泛滥成灾、垄断市场的地市,比起主管部门缺位、失位、不作为的地市,不知要好多少倍,不知让多少驾培人羡慕。然而,优势有时也会成为劣势,原因是身在之中的人,久而久之感觉不到优势,痛点与危机意识不够,合作的迫切性不强,如同温水中的青蛙,依然悠然自得,岂不知财富的蛋糕正在被时间分分秒秒地吞噬,正如北宋诗人苏轼在《题西林壁》所写:"横看成岭侧成峰,远近高低各不同。不识庐山真面目，只缘身在此山中。"

从最近几年来笔者不遗余力地推动区县驾校合作共赢、携手共进的实践发现，驾校间合作经营的质量与速度取决于三个方面：

首先，思想的统一是基础。有的驾校校长学习少、参观少，对改革的要求、市场的变化浑然不觉，习惯于我行我素。让驾校校长的认知在一个频道上，对合作的必要性、迫切性有一致的认识是合作的前提。正如济源驾培协会会长、阳光驾校杜金平校长所说：如果我们同看一部电视剧，思想在一个频道上，话就能说到一起，事才能做到一起。否则你说你的"射雕英雄"，我说我的"天龙八部"，各说各话，猴年马月也合作不成。合作就是一起过日子，感情不到，磨合不够，约定不细，即使合作了也是带病结婚，结果不一定都是喜剧。

其次，恰当的方法是保证。有些地区在合作的道路上醒得早、行动晚，虽然早就开始耕耘，但就是迟迟不开花结果，这与组织能力、办事效率有关。仅有良好的愿望是不够的，没有恰当的方法作为保证，难以事半功倍。有的驾培协会每次开会主题不明确，没有可研究的版本，泛泛而谈，又没有有效的议事规则，不仅延误了时日，更考验了大家的耐心。有合作意愿的驾培协会首先要成立合作筹备领导小组，还要成立秘书组，然后起草合作经营、行业自律规定，规定中不仅有"宪法"，即利益、权力、市场的分配原则和方案，要有"刑法"，即降价的、变相降价的、有降价嫌疑的都要有"量刑"标准，还要有"刑事诉讼法"，即谁当"公安"侦察核查取证，谁当"法官"庭审判案。有了议事规则和高质量的"法律"文本，合作的步伐会有效加快。

第三，法人的自律是关键。许多地市的驾培市场，合了又分，分了又合，这与"签字画押"的驾校法人的自律意识与行为有着直接的关系。

有的驾校法人不能有效地对下属的经营行为进行有效的控制，也有的驾校法人自作聪明，明修栈道、暗度陈仓，小动作不断，一旦被发现受到指责，不是背着牛头不认赃，就是无理取闹，甚至以退出为要挟。大家为了大局，不得不息事宁人，结果是能闹的孩子有糖吃，这种情况出现几次，合作便"寿终正寝"。"木桶原理"也适合解释合作机制，短板决定了合作的时间长度和容量高度，为了合作的健康持续，既要有防止短板出现的机制，也要有出现短板的修补措施。中国驾培市场上，中小投资者为多数，提高他们的自律意识是驾培市场能否和谐、健康、可持续发展的重中之重。

推动区县驾校携手共进、合作共赢，是新华德御2018年以来的首要工作。在2018年8月21日至27日一周之内，笔者连续在郑州接待了五台山、九嶷山10位驾校校长，在焦作举办"转型创新合作共赢"专题讲座，在莱芜与当地驾校校长进行座谈。与四地的驾校校长们交流的主题虽然都是合作，但面对的情况各有不同，有的处在统一思想形成共识的合作初始阶段，有的已经到了"谈婚论嫁、讨价还价"的合作实质阶段，有的是已经实现了初步的合作，并且尝到了合作的甜头，处于如何实现更深度合作的阶段。面对不同的情况，笔者的角色也不尽相同，有时扮演"牧师"，苦口婆心地宣讲合作的必要性、迫切性；有时充当裁判，平衡各方利益关系，助推完成合作的最后"临门一脚"。

打价格战没有赢家，只能伤敌一千自损八百，这已经成为各行各业的共识，携手共进、合作共赢、同行（háng）同行（xíng）已成为一种潮流。产能过剩，竞争加剧，其他行业的合作成功是人家格局、胸怀、能力的体现，驾培行业是否能够抱团取暖、合作发展也是我们格局、胸怀、能力的体现。

二、从联盟到联邦：驾校合作的1.0与2.0版本

在我国的驾培市场，随着驾校数量的大幅增长，培训能力严重过剩，恶性竞争加剧，为了保市场、求生存，许多地区驾校间出现了各种形式的合作，比较受人关注的是"婺源模式"与"合肥驾培联盟"。这些联合与国家间合作的联盟制非常相似。企业间的联盟在驾培市场还是一个新生事物，它不同于行业协会，行业协会具有广泛性，只要你进入这个行业都可参加，门槛很低，是大多数人的平台。联盟是少数人的"俱乐部"，讲求的是志同道合，也许还有门当户对。联盟一般没有组成新的公司，参加的各驾校独立性很强，各自经营，通过利益分配、保证金以及自律条款等措施结束价格战，实现价格的统一。对内清理了非法割据（黑驾校），保护了"领土完整"；对外抵御了外敌（异地培训）的入侵蚕食，捍卫了"主权"。

联盟制是驾校合作的1.0模式，是相对松散和脆弱的，联盟解体的风险性很大，许多地市的驾培联盟，合了又分，分了又合，都是联盟松散与脆弱特性的反映。

联邦制则不同，联邦制与联盟制国家最大的区别是各联邦主体无权退出联邦，要维护国家的统一和完整，美国的南北战争就是由于南方各州退出联邦而爆发的。联邦是紧密的合作，联邦有国籍。参加联邦的成员地方权力大幅减弱，中央高度集权，统一对国家政治、军事、外交、经济实行统一管理。

联邦制是驾校合作的2.0模式，也是笔者积极探索和大力推动的一种跨代升级版的驾校合作模式。

参与联邦制合作的驾校首先要成立一个新的公司，一切权力归属于新公司，对内行使经营管理权，可以打乱原有的人事组织结构重新设立，可以对干部员工进行重新招聘、任命、考核、辞退。可以对原有的驾校进行差异化经营，例如，平安驾校专做大客户（VIP），通达驾校可以改为"女子驾校"，翔宇驾校可以专门针对农村学员进行职业化培训等。这样经营即使招生总量没有变化，但经济效益和社会效益都会有很大的提升。对外行使代表交涉权，统一地履行代表维护职能，这样可以大幅度地提高驾校的话语权；对未来行使发展权，实现联邦制的合作后，学员数据可汇总为统一的大数据，可以集中财力物力人力进入汽车后服务市场，变过去学员学车一次性的消费为多次消费。

实行联邦制合作时，以什么名号运行也是一件让人纠结的事情，可以起一个新名号，也可以用参与合作中某一个有影响力和号召力的成员的名号，前者的好处是大家意见好统一，后者的好处是有资质，可以做广告等。

实行联邦制合作后，参与者原有的体制、队伍被彻底打破，以后想退出是很难的。

从联盟到联邦，虽然是一字之差，却有着本质的区别，国家和地区为了生存和发展都能实现联合，更何况企业，合作需要有毅力，更需要有智慧。中国人有智慧，中国驾培人有智慧，在当今驾培行业联合风起云涌之际，合作应该向更深的层次发展。

三、驾校联合中的三大难题

驾培市场的联合都是由价值观推动的，而实现利益的最大化往往是推动合作的初衷。这一初衷没有错，但不是简单粗暴的利益最大化，要想实现合作的目的，实现利益的最大化，必须要克服三大难题。

利益平衡

几乎所有地区的驾校联合都是在被价格战打趴下了之后，才有人振臂高呼，那些有气无力的驾校掌门人才走到一起谈谈休战合作的问题，核心就是抱团取暖、合作共赢，方法就是利益平衡、利益均沾。抱团合作，各位驾校掌门人都没有意见，但就利益如何平衡、怎么分配的问题又会陷入无休无止的争吵。

利益平衡不能无原则地漫天要价，要有公式可计算，有模式可遵循。可以拿出一部分利润平均分配，也可以按着驾校的规模、车辆数、招生量等单一的模式确定利润分配比例，还可以按着几个元素的复合占比进行分配。利益均衡的艺术都在于"度"的掌握。绝对合理、每个人都满意的分配方案是没有的。但不管哪一种方案，都要先确定利益分配的公式和模式，再对号入座。不能感觉不合适，就修改公式和模式，甚至推倒重来。利益平衡不能"一哭、二闹、三上吊"，更不能在关键时刻采取要挟式的最后通牒。

笔者在主持西部某城市的驾校联合中，就出现了这样很不愉快的一幕：一所驾校在签字前突然提出要增加3～5个点的股份，这让其他驾校措手不及，一片愕然。我问他理由，他思索片刻说："我的车辆新。"我回答："车辆因素不是股权分配的因素，这是大家约定好的，怎么能在关键时刻变卦呢？今年，你的车辆新，明年别的驾校车辆更新后，是不是还要变更大家的股份呢？几经斡旋，最后平衡了利益，联合成局。还有一个西南城市的驾校联合，在最后关头，一个女校长以场地位置好、绿化好为由哭闹着要求增加股份，其他校长厌恶之情溢于言表，纷纷说："你这也好那也好，为什么招生不好呢？"最后功亏一篑，不欢而散。

利益平衡是驾校联合前期最重要的问题，是基础和前提，其他问题都是后续的问题。这一问题达不成共识，其他问题不要摆上桌面，一旦谈好就千万不能变卦。

权力分配

合作的利益得到平衡之后，联合中的权力分配、使用与监督就由次要矛盾上升为主要矛盾。谁当董事长、总经理、监事？总经理是外聘，还是内部产生？在权力分配中，有争得焦头烂额的，也有推得一干二净的。

纵观近几年驾校联合中成功的经验和失败的教训，联合中的权力分配和使用有两个关键点：一是不能都当引领者，更多的要做追随者。有一个区县驾校联合散伙的原因是上演了"三国演义"。这个地方有三所一级驾校，其投资人都是70后，而且都是当地名流，拥有多家企业。三位"能人"明争暗斗，互不相让，最"能"的人甚至带头违规，最终脆弱的权力平衡被打破，驾校联合随即瓦解。多家联合成功的案例源于从开始时引导者与追随者就已经角色分明，牵头人的驾校经营管理的状态都明显好于其他驾校，牵头人的见识也令其他校长信服，这种状态有助于步调一致、齐心协力。二是领导者要有公心。掌管一所企业不容易，掌管一个行业更不容易，领导者不但要有吃苦、吃气的精神，还要有吃亏的心胸，以大家的利益为上，以共同的利益为重，不能先追求自己的利益。有一个地方合作中，三位倡议者在合作中分别担任了董事长、总经理和监事长。合作伊始，先分配了自己的利益，董事长承揽了公司的装修，总经理承包了学员照相，监事长要求学员考试都乘坐自己的收费班车，"三巨头"都是"耙子手"，联合焉有不解散之道理。

驾校转型启示录

自律守规

自律守规是合作之后长期而重要的问题。自己订下的规则自己就要遵守。在当今驾培行业的合作中，道德和简单的保证金机制已不足以约束驾校经营者的行为。这种情况下，建立完善的合作规则就显得尤为重要，联合经营的自律条款和制约措施中，不仅要包括经营方面的内容，还应包括管理方面的内容；不仅要有合伙机制，也要有散伙规则。合作之初就谈散伙规则，既抹不开情面，也似乎有点晦气，其实不然，这样会令合伙人内心更坦然，合作也会因此更长久，更稳定。

联合自律的机制好建立，笔者总结起草了多种版本。过去的几年中，笔者曾十几次主持驾校联合体通过《公司章程》《自律协议》。这些都没有挑战性，具有挑战性的是驾校自律守规的"契约精神"。既然入了伙，进行联合经营，首先要共担联合的责任与义务，其次要共创联合的事业，最后才能共享联合的红利。

联合之后最怕的是那些明修栈道、暗度陈仓的"聪明人"。这种"聪明人"出现在联合体中，联合就有土崩瓦解的危险。崇礼尚义的山东某地，有个协会领导，办了两所驾校，一所在市区，一所在县里，在他积极推动下市区的驾校得以联合，这位"聪明"的领导明里从市里"联合锅"里分肉，暗里把大部分学员录入到县里的驾校，一个月后事情败露，"联合锅"解体。在合作的过程中，个人利益必须服从集体利益，不然合作很难长远，在个人利益与集体利益必须作出取舍之际，就是判断一个人是否有合作精神之时。

解决了合作中的利益平衡、权力分配和自律守规这三大难题，是否就可以实现利益的最大化了呢？也不尽然。过了这三道门槛，有序竞争，就会能够挣钱是必然，这也是被合作成功者多少次证明了的，但要实现经济利益的最大化，还必然要考虑学员的利益与社会的利益，单方面地只考虑投资者利益的最大化也不会长久。自然界的食物链要平衡，驾培行业投资者利益、学员利益、员工利益和社会利益也要平衡。

四、驾校合作2.0模式范本：和田众联

驾校联合经营不容易，驾校联合经营在短时间完成更不容易；不同民族的驾校投资人联合不容易，不同民族的驾校投资人一步到位的深度联合更不容易。这些种种的不容易在祖国的西部边陲新疆和田实现了突破！

这是一个快速的合作

从2018年11月9日笔者到达和田，11月10日对有意联合的驾校进行了一天的实地考察，11月11日进行了"区县驾校携手共进合作共赢"专题讲座，11月12日七所驾校的掌门人就合作模式、股权和权力分配方案进行谈判，笔者受委托起草公司章程，到11月13日参与合作的七所驾校的校长，带着公章和授权委托书参加"和田众联驾培管理服务有限公司"组建会议，通过公司章程，选举职能人员，确定缴纳股金的数量和时间，仅仅经过四天紧张高效的工作，参与联合的驾校对合作的最终文件上就达成了一致，签字盖章。

这是一个深度的合作

大部分地区的驾校联合模式大都是以价格自律为核心，通过利益的二次分配作为合作的保证或制约手段，经营管理上仍然是各自为政。与

之相比，和田几所驾校的联合要深入得多，"和田模式"是一体化"联邦制"的合作，是一个所有权与经营权分离的模式，即参与联合的驾校共同组建一个新公司，由这个新公司全权管理下属的驾校，统一组织构建，统一培训教学，统一教练车调配，统一员工招聘管理，统一招生经营。"和田模式"不仅可以减少用工和开支，节省大量人力物力成本，还可以对原有的驾校进行差异化经营改造，比如建立一所女子驾校。和田的人口比例中，维吾尔族人口占了80%以上，出于宗教信仰和民族风俗的原因，维吾尔族的女学员都愿意选择女教练学车，但是女教练难招，一所驾校很难组建女子教练队，众多驾校联手，则不难成立。和田驾校合作后，过去单一驾校很难办到的事，诸如创建驾校网站、组建市场部、对员工进行统一的培训等难题也都迎刃而解，可以说，"和田模式"是一个2.0升级版的驾校合作样板。

这是一个及时的合作

2018年10月18日新疆维吾尔自治区运管局下发了《关于严格落实驾驶计时培训制度要求开展驾驶培训行业治理整顿工作的通知》，清理资质条件不符合标准要求的驾培机构，对训练场地进行重点核查，不达标准者，可以建设第二块场地进行补充，否则停止招生，吊销其培训许可。和田参与合作的驾校中有三所面积不达标，一所车辆数不足，都面临着整顿停招的严重后果，而其他四所驾校分训练场地超标，内部相互调剂一下，这一难题迎刃而解。

这是一个民族大团结的合作

参与"和田众联驾培管理服务有限公司"组建的校长中，有维吾尔族的，有回族的，也有汉族，几所驾校能走到一起，得益于贤明驾校校长艾尼瓦尔·吾买尔的影响。艾尼瓦尔·吾买尔是一位大学毕业后自己创业的80后维吾尔族青年，2016年夏季，他驱车从和田到内蒙古乌兰浩特市，参加了本人主讲的"驾校经营方略"校长培训班，回到和田后，艾尼瓦尔·吾买尔学以致用，从提高员工队伍素质入手，脚踏实地地构建驾校的服务体系、质量控制体系，在和田率先进行一人一车的预约培训，经过三年的不懈努力，在当地驾培市场上声名鹊起，招生量逐年提高，成为当地驾培市场上的领头羊。这次的联合经营就是在他的号召下进行的，三个民族的校长们认同他的理念和能力，在短时间内就合作经营达成了一致。

这是一个后劲十足的合作

许多地区的驾校合作只为一个字——钱，既不遵循质价一体、质价同步的原则，也不顾及学员的感受，更不讲究方式、方法，就是简单一根筋地涨价，结果是天怒人怨，好景不长。和田众联的合作则是立足长远，先做好产品、品牌，有了学员的肯定与认同，价格的提升是水到渠成的事。和田众联完成联合之后的第一件事情，就是选派了14名教练员和4名投资人一起参加"王牌教练员培训营"。这些第一次出疆、第一次坐飞机的教练员，克服了时差、饮食、语言的困难完成了八天八夜的强化培训。回去之后，他们践行"王牌"精神，发挥火种作用，带出了一支"重责任、善服务、精教学、会营销"的王牌教练员队伍。

2019年5月27日，新疆维吾尔自治区运管局与和田市运管局的有关领导专程考察了和田众联，详细听取了他们的汇报，对和田众联走联合化经营、集约化发展的做法给予了高度评价，并希望他们内强素质，外塑形象，不忘初心，牢记使命，为构建安全交通、文明交通作出新贡献。

五、婺源模式的联合、发酵与失败

婺源位于江西东北部,是徽州文化的发祥地之一。县域面积 2967 平方公里,人口 36 万人,有 16 个乡镇、1 个街道办、1 个工业园区。婺源素有"书乡""茶乡"之称,是全国著名的文化与生态旅游县、中国旅游强县、全国休闲农业与乡村旅游示范县,被外界誉为"中国最美的乡村""一颗镶嵌在赣、浙、皖三省交界处的绿色明珠"。

驾培行业与其他任何行业一样,从诞生到成熟,只有经历成长的阵痛,才能品尝收获的甜美,婺源的驾培行业同样如此,没有合理的科学规划,就会造成资源混乱,投入不足又会使基础设施难以配套,管理缺失会带来市场混乱,特别是低价招生、乱设挂靠点、重收费、轻培训,教练员吃、拿、卡、要现象时有发生,没有主人翁意识,以追求个人利益为前提等弊端,则进一步凸显出驾培行业已是乱象丛生。

艰难的合作

2012 年,婺源只有三所驾校,恶性竞争已拉开序幕,招生价格节节下滑,于是驾校开始不断地探索结束三所驾校各自为战、恶性竞争的方法,从价格自律到承包管理,再到合作经营,三个方案讨论了三年,都没形成共识。探索合作的三年间,驾校从当年的"三巨头"增加到了"五个常任理事国",2014 年底婺源驾培行业终于结束了五马分争的历史,实现了五指并拢形成了一个拳头。

现代、广信、泰极、宏飞、汽运,这是婺源县五家驾校的名称,它们曾经是行业的竞争对手,2015 年,一个让人耳目一新的组织——"婺源驾校管理办公室"把它们紧紧地联在一起,也拉开了婺源驾校"携手共进"的新篇章。虽然它们还分散在不同的地方,但是不再各自为战,实现了驾校间资源共享,统一教练车管理、统一教练员管理、统一安排学员上车、统一接受学员投诉、统一乡镇培训点的创新管理模式。婺源县的驾培市场也从"混沌"走向"有序",而这场"涅槃"源自于行业觉醒和主管部门引导,他们共同牵住了驾培行业的"牛鼻子"。婺源县的驾培行业历经改革的阵痛,终于实现了行业的浴火重生。

"婺源驾校管理办公室"成立以来,实行"首问负责制、学员跟踪问效制",温馨提示学员考试日期、教练信息,并且开通微信公众号,公布驾校投诉监督电话、短信提示服务等服务机制。在行业主管部门的统一部署下,对原先28个挂靠培训点实施全面清理,收回车辆经营权,在全县根据需要合理布置了7个乡镇培训点,重新规划建设标准培训场地,使乡镇培训点的设施设备上了一个新的台阶。为增进全体教职员工的集体归属感与工作热情,驾校管理办公室还投入10多万元为教职员工设计夏冬工作服,并为全体教职员工交纳医疗保险、养老保险、责任安全险等,在节假日对教职员工进行慰问及不定期组织活动进行互动。

婺源因人与自然的和谐而美丽,婺源驾培也因同行的和谐而被称道。婺源驾培行业携手共进、同行(háng)同行(xíng)所形成的新局面已经成为中国最美乡村中的又一道靓丽风景,在驾校联合以后的几年里出现了三个可喜成果:一是学员满意。没有联合前,婺源驾培市场十分混乱,驾培挂靠点和"黑驾培"遍地开花,损害学员利益的事情时有发生,学员投诉是家常便饭。联合之后婺源驾培在提高价格之前先提升服务质量,挂靠点和"黑驾培"得到了根治,增加了接送学员考试的班车,对学员进行电话回访,学员投诉的事情几乎为零。二是政府满意。婺源运管所的领导说:"联合之后,他们潜下心,抓管理,上水平,对教练员多次进行统一培训，建立了'黑名单'制度，落实了多项服务学员的措施，培训服务质量有了质的提升，不仅如此，婺源驾培还延伸了服务社会载体，以回报社会为己任，成为卫生城市创建、防洪抢险、高考献爱心等工作中的生力军。"三是投资者满意。婺源驾校间的自律合作，不仅使驾校的老板摆脱了恶性竞争带来的焦虑，获得了社会的尊重，而且在经济效益上也得到了理想的回报。合作之初的2015年，在学员减少三分之一的情况下，当年每所驾校分得净利润80万元，2016年报名量回归正常，每所驾校分得净利润120万元，2017年婺源驾培对市场精耕细作，让婺源人（应届高中毕业生）学完车再出去，让出去的人（在外地上大学的学生）回来学车，报名量增加了三分之一，每所驾校分得净利润150万元。可谓三年三大步，步步上台阶。

"婺源模式"告诉我们，联合只是结束恶性竞争走向良性发展的起点，不断加强内部管理，提升训练和服务质量，让学员和社会满意才是长久和谐发展的关键。

迅速地发酵

2016年的春季，笔者挖掘推广了县区驾校抱团取暖的"婺源模式"之后，引起了国内驾培同仁的高度关注，于是出现了驾校校长纷纷前往婺源取经，研讨、参观者络绎不绝，先后有近千所驾校掌门人莅临婺源，探究奥秘。

2016年6月7日第一期"县区驾校携手共进合作共赢研讨会"在婺源举办，6月22日第二期在婺源召开，7月21日第三期在婺源开讲。两个月内三次在同一地点举办同一内容的研讨会，期间十几个省市自治区的几十个地市的300多名驾培同仁与会研讨，四个县域驾校在婺源完成了抱团取暖合作经营最后的"临门一脚",激发了更多驾校合作的理性思考和实践热情,这就是"婺源模式"的典型性示范性所引发的市场效应。正如你不身临其境不能感受到婺源"最美乡村"的魅力一样,你不莅临婺源耳听、眼看、脑思,你也无法感受携手共进合作共赢形势的紧迫、过程的曲折、成功的喜悦和前景的广阔。婺源被许多参会的校长称为合作的"月老",发展的福地。

河南灵宝市三所驾校的投资人来到了婺源,在这里,他们完成了合作的最后"临门一脚",自此"三国演义"正式收场。他们说:婺源是我们的福地!

山东梁山县四所驾校的校长来到了婺源,这些水浒故里的汉子,尽释前嫌,形成共识,四双手握在了一起,豪气地说:"我们要创造合作共赢的 2.0 版本。"

山东东平六所驾校的校长和运管部门的负责人参加了第一期的研讨会。一天的介绍,一天的讨论,使他们统一了思想——走合作共赢之路。回来后便积极地协商成立自律联合会,经过几轮协商终于在 2016 年的 9 月签署了《驾培联合自律公约》。

浙江省舟山市 16 所驾校的掌门人在协会领导的带领下参加了研讨会,回去之后,联系本地的实际,结合兼并、收购等资本运营的手段,实现了联合经营,在国内驾培市场上开创了首家地级市联合的范例。

湖北汉川 11 所驾校的校长在运管部门领导的组织下参加了第二期的研讨会,他们回去后的联合一波三折,合了分,分了又合,最后终于采用了承包的模式结束了恶性的竞争。

三次"县区驾校携手共进合作共赢研讨会"的成功举办使"婺源模式"持续发酵,让寒冬里的驾校校长们嗅到了春天的气息,于是他们纷纷结伴前往婺源，探合作共赢之路，取携手共进之经。从2016年6月开始至今，"新华德御"先后在全国各地举办"县区驾校携手共进合作共赢研讨会"二十多期，不仅直接助推了十几个县区成功合作，而且在合作的模式与版本上不断升级，扮演了国内驾培市场上"合作共赢携手共进"的旗手。

意外的分离

2019年初，当听说婺源联合破局消息后，觉得很突然，很不理解，同时感到很遗憾，很痛心，于是给婺源几个校长和运管所领导分头打电话、微信聊天，探求究竟。分离是源于信任的丧失，信任的丧失源于动了别人的"奶酪"，深层次的原因是源于一个"伙"字。

"伙"，形声字，从人从火。古兵制，十人为火，同火的人称火伴。字义解释："人"与"火"合并起来表示"在同一个火堆取暖聊天的人"，也就是抱团取暖。据说，"伙"的概念出现于4000多年前的中原龙山文化时代的黄淮海地区。那时的黄淮海地区是一望无际的大沼泽区，冬天又湿又冷，而移民众多，于是人们发展了篝火文化，一方面用篝火去湿去冷，一方面各地新来的移民可以借此机会认识和交往。之后"伙"又引申为由若干人结成的一群人，如入伙、成群结伙、合伙（合股营业）等。

促成婺源合作与分离的"伙"就是"婺源驾校管理办公室"。"婺源驾校管理办公室"既不是公司，也不是协会的组织，更不是政府的机构，是一个"三不像"的搭伙过日子的"临时家庭"，"临时家庭"的稳定性与受法律保护的婚姻的稳定性是大不一样的。当年婺源驾校联合时之所以这样是为了减少成立公司的麻烦和节省费用。名不正则言不顺，没有约束力的"搭伙"是脆弱的。许多学习婺源合作经营的区县，回去后纷纷提升合作的版本，有的采取公司化运作，有的采取更紧密的"联邦制"合作模式，而与此同时给他们启发和借鉴的婺源驾培却原地踏步，直至分离，这实在是个悲哀！

"话说天下大势，分久必合，合久必分。"婺源驾培的联合虽然散伙，但他们坚持了四年，已经难能可贵了，他们给中国驾培市场的冲击和由此带来的积极影响并没有消退，我们期待婺源驾培分离是暂时的，在冷静反思之后走向新层次的合作，同时也期待更多的县区早日结束恶性竞争，携手联合。

六、驾校合作的三字诀

2016 年，"新华德御"在国内驾培市场上首先提出并大张旗鼓推广"区县驾校携手共进合作共赢"这一命题之后，备受各地驾校校长们的关注，三年来研究助推合作共赢已成为"新华德御"的主要工作之一，并成功地促成了多地驾校的联合。这其中有的是"三进山城"才成功，比如河南新乡市辉县与山东济南莱芜区（过去的山东莱芜市）的联合；有的是干脆利索一次到位，比如新疆和田众联与安徽省蚌埠市五河县的联合；有的是关键时刻就出现，不断在解决问题中加深合作，比如山东省泰安市东平县的联合。当然，"新华德御"不是神仙，不能点石成金，不是每次都能助推成功。在已经助推但尚未成功的区县中，有的还欠一把火，正在以时间换空间，处在冷处理的过程中；也有的临门一脚没踢好，功亏一篑，处在"再吃一年苦"的攻克中；更有的是思想不统一，认识不到位，矛盾难弥合，恶斗在继续。但是只要大家不放弃，新华德

驾校转型启示录

御就不抛弃。总结这三年多来推动"区县驾校携手共进合作共赢"的过程，下面的"三字诀"值得有志于联合的驾校校长们思考借鉴。

说合"三步曲"

第一步，先讨论建合作共赢群。 凡是谋划一件事都要"舆论先行"，都要先吹风。合作共赢事关一个县区驾培市场是混乱还是稳定，事关每位驾校投资者是亏损还是盈利，大家都会关心，因此先建一个校长群，大家不断地发表意见，转发相关的文章，逐渐积累信任，达成共识。

第二步，走出去学习典型经验。 中国驾培市场正在风起云涌，急剧变革，鱼龙混杂，泥沙俱下，大浪淘沙，各种成功的经验模式不断涌现，各种失败的教训、奇葩的案例时常出现。出路出路，出去就有路。坐井观天，闭门造车，出路何在？舍得舍得，有舍才有得。不交学费，就要交走弯路的"学费"。

第三步，请进来量身定做方案。 每个人的身材不一样，审美观不一样，经济条件不一样，对衣服的要求不一样，因此高明的裁缝要量身定做衣服。同样的道理，每个县区驾校的数量有多有少，驾校的体制有国有的有民营的，经营模式有直营的有挂靠的，驾校的投资者背景、个性、受教育的程度不一，对合作的认识、态度各异，因此，到目前为止，"新华德御"所助推成功的县区驾校的合作没有一个方案是一模一样的。

没有合作的意愿，一切无从谈起，"说合"就是统一思想，同修一本书，同看一出戏，"说合"大多需要第三者，即"外来的和尚"，"新华德御"经常扮演这种布道解惑的"外来和尚"的角色。

整合"三大忌"

一忌未合先泄气。 合作是一项复杂的工程，有的人还没开工就先打退堂鼓，什么人心不齐啦，强扭的瓜不甜啊等，最终就一个结论：搞不成。人家都搞成了，我们为什么不能？合作中最可怕的敌人，不是工程的复杂，就是没有执着的信念。

二忌中间太拖拉。"一鼓作气，再而衰，三而竭。"合作的热情点燃后，就要趁热打铁，按先易后难的原则，制订实施步骤，不能久议不决。有些县区，由于合作的"带头大哥"思路不清晰，没有路线图，想起一出是一出，反反复复，伤了大伙的积极性。

三忌最后下通牒。行百里者半九十，开始的一马平川，不代表最后一公里不会是断崖。在"新华德御"主持的合作谈判中，有四次是最后一刻有人跳出来节外生枝，否定已经同意的利益和权力分配方案，提出自己的无理要求。其中两次通过大家的努力化解危机，还有两次由于在原则问题上不能让步而功败垂成。

从想法到做法就是整合的过程，"整合"的过程中有激进派，恨不得今天最迟明天就签协议，也有保守派，慢慢来，心急吃不了热豆腐；有理想派，只要能联合怎么样都行，也有怀疑派，这也有问题，那也不完善；有摇旗呐喊的，也有随大流的，整合的过程就是磨合的过程，就像唐僧西天取经一样，九九八十一难一个也不能少，否则修不成"正果"。

融合"三大错"

"还想躺着挣钱" 是第一错。有一个区县黑驾校泛滥，十几所驾校全是挂靠经营，只要交"管理费"，谁送的学员都收，他们的痛点是不招生只招"商"（挂靠教练员），不收培训费只收挂靠费，挂靠教练员脚踩两只船，甚至多条船。他们联合的诉求是仍然不招生不管培训，只收挂靠费，联合就是提高挂靠费。时代变了，市场变了，政策变了，"躺着挣钱"的时代已经一去不复返了，没有哪一种联合的模式能够实现这一愿望。另外，这一诉求违背市场规律，不符合行业精神。

"只提价格不提服务"是第二错。提升价格是为了盈利，盈利了才有钱改善服务，这话也没错，"仓廪实而知礼节，衣食足而知荣辱"吗。然而，很多驾校校长联合的目的就是提价，提价成功之后，提升服务的想法早就抛到九霄云外了，说提升服务不是一天的事，要慢慢来。大排档的设施与服务，一夜之间按五星级宾馆的标准收费，这肯定损害了消费者的利益，是不平衡、不和谐的，因此也就不能长久。无论是驾校的经营还是合作都不要忘了初心，驾培行业的初心应该是通过优质的培训服务，在给社会培养合格驾驶人的同时获得我们应有的尊重与利润。

"只要组织照顾，不为组织奉献"是第三错。有一个校长很坦诚地跟我诉说：我算过我们十几所驾校联合后，有三分之一是贡献者，有三分之一是获益者，有三分之一是不赚不赔者，我属于后一种，我要得到好处我才联合。我感谢了他的信任与坦率，也诚挚地告诉他：只想从组织中得到好处，不想为组织作出贡献；只想组织照顾，不要组织纪律，这样的人能找到组织吗？组织要他吗？联合后你实际上已经得到了好处，不打价格战、不恶性竞争的环境不是最大的好处吗？都想从别人身上分钱，钱从哪里来，钱是自己凭实力靠勤劳挣来的，不劳而获是精神上的"乞丐"。

融合不仅是合作团队内部个人与派系的融合，还有外部与利益各方的融合，这里面必然有权衡的技巧，只强调投资者的利益，而忽视学员的利益、员工的利益、社会的利益，都是不和谐、不长久的。

合作是天性，利益是基础，沟通是桥梁，道德、公平和自律是尺度，重建信誉获得尊重是远景。"合"单从字面意义上讲，就是每人吃一口，驾培市场就这么大的一块蛋糕，恶性竞争，破坏环境，吃到嘴里的"蛋糕"既没有营养，又不能保命。**"合"始于"说合"，难于"整合"，贵于"融合"。**

七、驾校联合"热"中的"冷"思考

2016年是驾校联合风起云涌之年,在驾校密度之大、招生价格之低、恶性竞争乱象之多都严重于其他地方的河南,更是遍地"联合"。

9月26日,河南驻马店某县5所驾校实现价格联合,签署"承诺信守协议"。

10月18日,河南洛阳市宜阳县驾驶培训集团有限公司成立举行挂牌仪式,标志着宜阳县12所驾校一体化和集团化组合初步完成,自此学员在一家驾校报名后可以在任意一家驾校进行培训。

10月29日,河南商丘驾驶员培训业商会规范经营行业自律大会召开,116家驾校在"行业自律内部运营规范"上签字。

11月初,河南三门峡市部分驾校成立协会,制定合作协议,各驾校将保证金划到指定账户。

……

驾校之间的联合也正在风起云涌,这是驾校长期低价招生、"超低空飞行"、端着"金饭碗"要饭吃、尝够了恶性竞争的苦果之后的一次"崩溃"前的普遍觉醒,是沉默中的爆发。这轮在全国各地形成的驾校间的"联合热",往往是以成立协会为平台,以"价格自律"为核心内容,以一个地级市的全部驾校或部分驾校为成员,以扭亏为盈为目的而形成的。

没有行业的自律就没有行业的发展,驾校之间结束恶性竞争,走向联合自律,无疑是驾培行业健康发展的好事,但是为了把好事办好,我们不能头脑发热,要有一些冷静的思考。

驾校转型启示录

思考之一:"联合"不能不经"恋爱"直接步入"婚姻殿堂"

婺源的校长们在联合一周年后说:我们不是联合最早的,但我们是联合最好的。之所以这样自豪地说,其中一个原因就是进入联合的"婚姻殿堂"之前,他们经历了"马拉松式"的三年的苦苦"恋爱",正是这三年的"苦恋"为他们以后的"婚姻"打下了基础。

现在来说三年太长了,形势逼人,时间不等人,机会转瞬即逝,好不容易达成的共识要趁热打铁,不能在"马拉松式"的谈判磋商中使"黄花菜"又凉了。不管形势多么严峻,不管时间多么紧迫,欲速则不达,充分的讨论是必要的,思想统一是关键,外出学习借鉴不可或缺。快速结婚再慢慢恋爱,往往会种下悲剧的种子。

步入"婚姻殿堂"是美好令人向往的,但进入之后,不但有权利,更有责任,新生活不但有花前月下,更有锅碗瓢盆、柴米油盐,对这些都要有充分的心理准备和预防措施。如果不经"恋爱"草草结婚,婚后纷争不断,甚至打得一塌糊涂,不得不离婚,导致的后果用婺源驾培人的一句话说,那就是"洪水猛兽",这样的悲剧已经发生。

与婺源相邻有个县,同属于上饶市管辖,人口和驾校数量与婺源大致差不多,32万人,四所驾校,年招生量在3000人左右,2013年开始搞驾校合作,由于合作过于仓促,合作后没能弥补分歧增加互信,反而加大了裂痕,不到一年便分道扬镳。合作前招生价格为3600元左右,合作后提高到4600元。解体后招生价格"飞流直下",跌到990元至1200元之间,不满18岁的人也纷纷提前报名,当年全县报名人数达到历史最高——15000人,超过正常年份的五倍,市场出现严重透支。现在他们还在消化这枚"苦果",而且不知猴年马月才能看到"光明的彼岸"。

思考之二："联合"不能一俊遮百丑

当年搞土地承包，一包粮食产量上来了；搞企业承包，一包扭亏为盈了。于是社会上刮起一股承包风，认为一"包"就灵，一俊遮百丑。目前，驾校间的联合也有这种浮躁之风，认为一"联"就灵，一"联"什么就都解决了。

在经历了恶性竞争的"水深火热"之后，驾校的掌门人终于在"崩溃"前觉醒，走向了联合，无疑是驾培行业的幸事和福音，但对学员和社会而言是否是幸事和福音呢？不好确定，也可能是，也可能不是。如果联合仅仅是价格上的联合与自律，没有服务和训练质量上的跟进、改进和提升，一夜之间把价格提升几百元或几千元，对消费者也是不公平的，就像大排档和星级宾馆都成了一个价格，既不符合市场规律，也保护了落后"产能"，只有正确地处理好社会、学员和投资者三者之间利益关系的联合才是和谐的，才能可持续发展。

婺源五所驾校的联合在招生价格大幅提升之后，随之跟进了一系列提升服务的措施，诸如杜绝吃拿卡要、一次性收费、成立统一的客服中心、设立投诉电话、购买大巴接送学员考试、在路训路段设立学员休息棚、对教练员进行统一的培训和管理、建立"黑名单"制度、所有的教练车都回校训练、打击"黑驾培"点、阻击外地教练车的"蚕食"，等等。随着这些措施的落实，学员的满意度大幅提升。

"婺源模式"告诉我们，联合只是结束恶性竞争走向良性发展的起点，不断加强内部管理，提升训练和服务质量，让学员和社会满意才是长久和谐发展的关键。

思考之三："联合"不能靠江湖义气

没有行业的自律就没有行业的发展，"联合"不仅仅是价格的自律，

驾校转型启示录

更有其他服务训练等管理行为的自律,而这种自律主要靠道德和法规来实现。

河南某地五所驾校签署的承诺信守协议开门见山,不拖泥带水,直奔主题,虽然只有"三条",但都是"硬骨头"。协议规定:①自2016年9月26日起五所驾校校长经共同协商一致同意培训费C1××元,考试费××元,学员考过科目三后收取考试费。②如有一家驾校违反协议,其他四所驾校可同时对其进行堵门7天,令其停止培训,不付一切法律责任。③为防违约,五所驾校校长统一发誓。

这份协议确实有点奇葩,但也是被逼出来的,办企业的要以德治企,依法治企,不能靠"堵门"这种违法手段保证协议的实施。

八、驾校联合的"大账"与"小账"

在长期饱受恶性价格战之苦后,在打尽了储存的所有"子弹"弹尽粮绝之后,在再也没有英雄豪气说我"熬死你"之后,在再也不想端着金饭碗要饭吃之后,许多明智的驾校校长开始重新审视"死伤遍地、血流成河"的驾培市场,于是算了一个"大账"。有一位驾校校长说:"我们县十所驾校,每年招生一万名学员,现在只收2000元学费,如果学费提高1000元那就多收入1000万元,每所驾校就可以分到100万元。"算完账,他进而悲怆地呼吁:"我们赔钱,没有人说我们是雷锋,没有人说我们是慈善家,学员不赞美我们,领导不夸奖我们,员工不看好我们,其他行业的老板鄙视我们。我们再不放下价格战的'屠刀',再不携手共进合作共赢,我们就是一群让鲁迅在天之灵依然'哀其不幸怒其不争'的傻子。"

类似的帖子发到校长群里之后,叫好的一片,点赞的一片,跟帖的一片。

于是又有明智的校长算了一笔"中账":"我们大都是三级驾校,每所驾校都有客服业务人员 5~7 人不等,平均按 6 人计算,每人按年支付工资 4 万元收入计算,$6 \times 10 \times 4 = 240$(万元),十所驾校联合之后,我们只保留 10 名客服和业务人员,每年可节省开支 200 万元,每所驾校可节省人员开支 20 万元,这都是纯利润啊。"

一个账是开源之账,一个账是节流之账,清清楚楚,明明白白,两个账算完之后,大家热血沸腾,于是开启了携手共进合作共赢的联合之路。

不知经过了多少次的私下沟通,经过了多少次的会议讨论,当把利益分配的方案摆到了桌面时,有人就不算大账算小账了,我的车辆多,我要多占股;我的招生好,我要多占股;我的地段优,我要多占股。有争的,也有让的;又讲原则的,也有和稀泥的;有千呼万唤才来参会的,也有拍案而起拂袖走人的。算来算去,有的区县久议不决,有的终于联合成局了。

成局的本应可喜可贺,珍惜珍重,可是好景不长,又破局了,原因是有人还在算小账,而且是背后算小账,怎么向大锅里少放肉?怎么从大锅里多拿肉?仅仅盘算也就罢了,但是这"聪明人"马上实施了"明修栈道暗度陈仓"的计划,自己一时赚了一点小钱,却损害了大家的利益,于是合作共赢的"千里之堤"毁于了小算盘者的"蚁穴",呜呼!悲哉!

"大账"是财富之账,是长久之账,是明智理性之账,是自我救赎之账。"小账"是自私自利之账,是只顾眼前之账,是损人也不利己之账(从长远看)。联合经营仅仅靠算账是不行的,必须以自律为基础,以制度作保障,以公司化运作为载体,三者缺一不可。没有行业自律就没有行业发展,野蛮生长的种种行为如不悬崖勒马,再好的"大账"也是水中月、镜中花;没有制度的约束规范,没有裁判,仅靠大家自觉,那只能是小孩"过家家";没有公司化的载体,名不正言不顺,加盟者的权力利益没有保证，那只能是利益上的团伙，说散伙就散伙，而不是事业上的团队，基业长青。

九、驾校联合为何失败

三国演义开篇说："天下大势，分久必合，合久必分。"驾培市场是否也是这样呢？笔者从 2016 年开始把推动区县驾校合作共赢作为工作重点以来，一直在思考为何而合以及合作的方法途径，奔波于各地为了"促合"做着种种努力，可喜的是成功地推动了十几个地市的联合，但是也有很多县区虽做了许多努力，但仍未联合成局。有的一波三折，出现了合了又分、分了又合的局面；有的已经展现曙光，但在最后一刻功亏一篑；有的口合心不合，还在路上。俗话说：失败是成功之母，如何从那些失败的案例中，找出事情固有的因果关系，找到失败的症结，使我们在抱团取暖、合作共赢的过程中，变得更聪明、更理性，这才能为新的成功奠定基础。

失败于眼前利益的计较

在合作的谈判中，争是必不可少的，利益之争，权力之争，市场之争，争完大的利益再争小的利益，但争要有原则，要有分寸，不能"宁为瓦碎不为玉全"，不能"会哭的孩子有糖吃"。婺源驾校的合作之所以从 2012 年初谈到 2014 年末，就是"争"论不休，谁当老大？谁多占分配比例，争论了三年损失了三年。现在许许多多地区驾校还在面和心不和、各打各的算盘的争论中延误时日。

河南某县有 12 所驾校，年招生量不到两万人，其中有个"大块头"

品牌驾校占据了市场份额的一半。他们的合作方案是每家每招收一位学员拿出500元参与二次平均分配。例如，其他11所驾校按平均年招生900人计算，每家共计拿出45万元，"大块头"品牌驾校招生10000人，共计是500万元，每所驾校可分得83万元，计算公式：（45×11+500）÷12=83万元，这就意味着"大块头"品牌驾校拿出500万元，只能拿回83万元，损失417万元，而其他驾校拿出45万元，拿回83万元，净赚38万元。如果"大块头"品牌驾校这样算账肯定放弃联合，但他们算的不是小账而是大账，算的不是今天的账而是明天的账。联合以前，"大块头"品牌驾校小车的招生价格在3000元左右，而其他驾校在2000元左右，联合后又赶上学时对接的天赐良机，现在招生价格统一为4000元以上，就算"大块头"品牌驾校招生数量不变，2019年稳定增加收入583万元，当价格在统一的价位上后，作为品牌驾校的"大块头"招生量肯定还会增长，增收1000万元是完全可以预期的。

改革开放初期有句话：低头向钱看，抬头向前看，只有向前看，才能向钱看。合作经营的目的，直白地说就是要挣钱，要挣钱就要向前看，好好算算明天我们能得到多少"元"，而不能只算今天损失了多少"分"，这不仅是智慧，更是胸怀。尽管在向前看的过程中不可避免地要遇到一些困难，但我们不能轻言放弃，因为只有坚定地向前看，才可以达到向钱看的目的。

失败于"聪明人"的不自律

驾校的恶性竞争，表面上看是源于产能过剩，实质是法人的不自律。而驾校的联合与自律的关键点还是价格的自律。为了保证价格的自律，许多地区在联合中往往祭出两件"神器"——保证金和二次分配。两件"神器"中又以"二次分配"居多。所谓"二次分配"就是大家以约定好的（当然符合国家相关法律的规定）价格统一招生，把"肉"放在统一的锅里，先从锅里拿出填饱肚子的"肉"，剩下的"肉"再按约定的比例分配，以此保证大家不降价。可总有个别的"聪明人"把心思用在少往锅里放"肉"，多从锅里分"肉"上，明修栈道，暗度陈仓，偷偷地把"肉"放在别的锅里。于是平衡被打破，规则被践踏，合作以个别"聪明人"没有赚到多少利益却损害了信誉，多数老实人吃亏上当而结束，留下的是"一地鸡毛"。这种"千里之堤溃于蚁穴"的悲剧在泰山脚下、太行山西麓以及其他地区都多次出现。

诚信是商家安身立命之本，自律就是诚信，不自律就是破坏诚信，没有自律不仅合作不成，更没有行业的发展。

失败于法律知识的缺失

湖南某市驾校经过一段时间的酝酿，准备结束恶性的价格竞争，抱团取暖，不料消息泄露，市发改委价格监督检查局、市运管处召集24所驾校校长，召开了"驾培行业价格政策提醒告诫会"，依据国家的相关法律，告诫参会单位严禁串通涨价，捏造、散布涨价信息，哄抬价格等价格违法行为，合作戛然止步。

河南西部某地级市驾培协会经过三个多月的努力终于让驾校就联合经营达成了一致，签署了"合作自律协议书"。该协议书把什么时间将价格提升到什么幅度赫然写在其中，幸亏笔者提前发现才避免了被查处、被罚款的命运，当然联合之事也就"夭折"了。

驾校间的合作与自律，当然不仅仅是价格，就是价格的自律也必须知法、懂法、守法。

失败于监督措施虚拟化

驾培行业乱象之源是法人不自律，自律是驾校联合经营中最关键的一环。但自律仅靠道德和诚信是不够的,必须要有强有力的监督措施和制度约束,就像治理国家一样,不仅要以德治国,还要依法治国。有一句名言:"好的制度能让坏人干不了坏事,不好的制度能让好人变坏。"近两年来,许多地区驾培市场大张旗鼓、轰轰烈烈地召开了各种形式的自律大会,签署了"诚信自律书",但由于没有切实可行的监督措施和可查机制,这种联合与自律只能是昙花一现。

驾校的联合自律要有一个"刑法",不仅要确定"罪名",还要确定"量刑"标准。降价的怎么办?变相降价的怎么办?变相降价的有哪些形式?"倒卖""走私"学员的怎么办?有降价嫌疑的怎么办?这些都要有明确的规定。驾校的联合自律要有一个"刑事诉讼法",谁来监督?谁来查证?哪些监督查证所获得证据是有效的?最后谁来处罚?这些都要有严密且具有可操作性的方案。如果没有这两部"法",联合自律协议只是一纸空文。

当然,驾校的联合自律不仅是价格这一条,还有学时、训练、服务、经营等诸多方面的自律,在大部分地区的驾培市场上价格是驾校走向联合自律的关键因素,但往往监督措施的虚拟化,导致了"成也萧何败也萧何"的结局。

作家托尔斯泰的传世之作《安娜·卡列尼娜》的开篇语非常震撼:"幸福的家庭都是相似的,不幸的家庭各有各的不幸。"成功联合经营的驾校有很多相似之处,失败的联合各有各的原因,上述的四点是主要的原因,但不是全部。

尽管合作的道路是曲折艰难的,但这已经成为"三缺一"(缺人才、缺资金、缺机会,面对驾培市场转型一筹莫展)的中小驾校生存的重要选项。借鉴成功者成功的经验,吸取失败者失败的教训,结合当地的实际情况,抱团取暖,同行(háng)同行(xíng),携手共进,才能走出寒冬,拥抱春天!

驾校转型启示录

十、驾校联合是为了什么

某个春节前,在河南某县十几位校长第三次发出邀约之后,我终于来到了这个县,考察、讲课、主持方案的讨论,期间我在朋友圈里发了两段评论:

评论一:A方案、B方案、C方案,只想投机,不想投资,只想获得,不想付出,什么方案都是纸上谈兵的方案;甲方案、乙方案、丙方案,提升不了观念,消除不了怨气,解除不了猜忌,化解不了矛盾,再好的方案都是竹篮打水一场空的方案。驾校的联合不能强求强制,不能拔苗助长,要志同道合,要水到渠成。

评论二:驾校间的联合是"+"与"×"的联合,尽管它们的速度不一样,但都是积极的,向上的,尽管它们也有分歧,但都是正能量的、向前的,"+"和"×"是可以妥协让步实现最终靠拢的。合作的对象中如果出现"÷"和"-",这怎么谈?道不同不相为谋,如果不能改变"÷"与"-"的方程式与基因,而是一味地迁就,那么合作还有什么意义!因此,宁可改变合作的对象,也不能改变自己的初衷与基因!

三天紧张的谈判到最后时刻,我"踩了刹车",合作暂时搁浅,其原因是有些校长没有想好"驾校联合是为了什么",与其"带病"合作,不如假以时日,思考好下列这些命题后,再重谈合作。

不是为了吹灭别人的灯,而是为了发出自己更多的光

"发射自己的光,但不要吹灭别人的灯。"这是著名企业家蒙牛创始人牛根生的座右铭之一。话很朴实,但知道牛根生曲折创业经历的人,都能够从这句话里体会出这位企业家的职业道德和胸怀。一个区域驾校间的联合经营，有的是全部联合，不让一个驾校掉队，组成一个团队，抱团取暖，集体发光，那自然是皆大欢喜的局面；有的是部分联合，是志同道合者的联合，不愿联合自己单飞，是人家的权力，不要勉强，更没有必要耿耿于怀。别人的驾校招生价格高，生源多，不是抢了我们的"饭碗"，骑走了我们的"马"，而是我们的能量不够大，光不够强，灯不够亮，照不亮学员的心，吸不了学员的钞。合作后，要做的是发挥出一加一大于二的优势，把一个个火苗汇集组成火炬，爆发能量，超过竞争对手。如果只盯着别人脸上的"萝卜花"，不医治好自己的"大疮疤"，自己还会被学员抛弃。有句谚语说得好：吹灭别人的灯，会烧掉自己的胡子。

不是为了苟延残喘，而是为了获得新生

想联合的驾校，大都是规模小、实力弱、经营差的驾校，过去它们单打独斗，势单力薄，缺人才，缺资金，缺机会，面对产能过剩、恶性竞争一筹莫展，在生死线上挣扎。它们渴望联合，认为一旦联合，就万事大吉了，无须努力、无须改变，牛奶也有了、面包也有了。岂不知，联合仅仅是一种形式，实质内容是要改变。联合了可以集中人力物力，办过去办不了的事情，可以集中对员工进行培训，提升素质；可以统一管理，建立完善的学员服务体系，严密的质量控制体系，节省成本；可以加强市场开发，建立立体的营销体系，实现过去想过但做不了的网络招生、集团客户的开发。联合只是阶段性的目标，获得新生才是终极目的。

不是仅仅为了限定别人，而是为了强健自我

驾培市场上一直就有规则，但一方面规则不够完善，监督规则执行

驾校转型启示录

的"裁判"不够公正勤奋，缺乏权威强势；另一方面驾校把规则当成儿戏，比如大面积的学时造假、四处设立分训点、价格战没有底线等，于是规则成了糖稀规则、泥巴规则。呜呼，悲哀！许多地方的合作是为了重建规则，自当裁判。但有了铁律般的规则，有了公正勤奋权威强势的裁判，你就注定能赢吗？大家都不抢跑、不越位、不服兴奋剂了，你就注定能胜出吗？未必！有了价格的底线后，你的硬件不如人，服务不如人，队伍不如人，既使你有一点区位优势，你就注定能多招生吗？未必！在规则的框架内，还是要看谁跑得更快、跳得更高，看谁的体质更好、抗打击能力更强。重建了规则框架后，你仍然不把精力放在提升自己的运动成绩、提升竞争力上，仍然想的是打擦边球的旁门左道，仍然是走小路，受到处罚后，不惜威胁"退群"，你依然没有出路。限定别人是为了营造一个良性的竞争环境，强壮自己才是王道！强壮自己首先要不忘初心，找回初心，牢记为社会培养合格的机动车驾驶人这一使命，为学员提供优良满意的学车体验，没有这一初心，依然野蛮生存，未来是赚不到钱的。

联合需要格局，格局不够，无法联合；

联合需要胸怀，胸怀不够，联合了还会"窝里斗"；

联合需要自律，自律不够，联合了也要破局；

联合不容易，改变原有的经营管理观念、行为、轨迹更不容易！

十一、驾校合作的四种境界

笔者在研究"县区驾校携手共进合作共赢"的专题中，感悟到驾校间的合作过程大约要经四重境界。

形势所逼——暮色苍茫看劲松，乱云飞渡仍从容

今日的驾培市场正处在变革转型时期，许多驾校投资人面临巨大挑战，形势发展之快使许多人"暮色苍茫"看不清，"乱云飞渡"看不懂。明明是培训能力严重过剩，为何还有大量的资金投入驾培市场，大量的驾校不断诞生；明明是价格已经到了"地板价"，低得不能再低了，为何驾校间还是拼价格不收手，刀刀见骨自相残杀；加之互联网驾校的铺天盖地，电子教练的相继诞生，当今的驾培市场不仅是暮色苍茫，简直是漫天黄沙了，不仅是乱云飞渡，简直是群雄争霸了。在此让人迷茫之际，在不知所措之际，不要乱了方寸，自毁长城，要看"劲松"，学"劲松"。何为劲松？劲松者，榜样也。此时，我们要与时俱进，学习成功者成功的经验，制订好自己的发展战略，心中有个北斗星，以变化求生存，以改革图发展，尤其是缺资金、缺管理、缺人才的县区中小驾校要携手共进，抱团取暖，咬定青山不放松，唯有如此才能"仍从容"。

走向共和——渡尽劫波兄弟在，相逢一笑泯恩仇

"渡尽劫波兄弟在，相逢一笑泯恩仇"是鲁迅1933年《题三义塔》诗中的两句，表达的意思是：劫难过去后兄弟朋友还活着，相见了，以前的不愉快一笑而过，好好珍惜眼前吧。

许多地区驾培市场在盈利能力上是在走下坡路，从盈利到微利，从微利到保本，从保本到亏损，可谓惨淡经营，苦苦支撑。有的驾校裁人了，有的驾校转手了，现在"渡尽劫波"存活下来还能保持良好运转的实属不易。在一个县区不大的地盘上、不多的市场份额中，就不要再恶性竞争了，不要再自相残杀了，不要再端着金饭碗要饭吃了，何不相逢一笑，同行（háng）同行（xíng），为了共同的利益，为了明天，握起

驾校转型启示录

手,抱成团,向前看,像有些地市驾培同行那样,由五马纷争到五指并拢,形成一个拳头,走携手共进、合作共赢之路。

深化合作——如烟往事俱忘却,心底无私天地宽

"如烟往事俱忘却,心底无私天地宽"出自陶铸的《赠曾志》一诗。

深化合作首先要能够遗忘。忘掉过去在竞争中那些不愉快的事情,忘掉个人的恩恩怨怨、是是非非,从过去走出来。如果让那些伤心事、烦恼事、无聊事永远萦绕于脑际,在心中烙下永不褪色的印记,那就等于背上了沉重的包袱,合作会很脆弱,一言不合就揭老底、算旧账,合作会随时崩盘。遗忘,对痛苦是解脱,对疲惫是宽慰,对合作是一种升华。其次是心底无私。在深化合作中,要以社会利益、学员利益为重,以团结发展大局为重,不能处处打自己的小算盘,事事谋自己的自留地,说话办事要对得起良心,经得起时间考验,这样今后才会天宽地阔,心灵也能得到宽慰。

领略成功——天生一个仙人洞,无限风光在险峰

"天生一个仙人洞,无限风光在险峰"告诉我们:要想领略无限风光,唯有不断探索攀登,到达光辉的顶点——险峰。

县区内的许多中小驾校,过去是单打独斗各自爬山,相互之间在半山腰甚至在山脚下就开始内耗、恶意竞争,消耗着有限的外部资源和内部体力,结果是谁都无法登顶。合作之后,组成一个团队,昔日的对手成了今天的战友,我是你的人梯,你是我的帮手,大家一起占领市场的制高点,就可"会当凌绝顶,一览众山小"。登顶之后,新的高度打开了新的思想境界,往下看,看到的是昨天的狭隘与渺小,往远看,领略的是明天事业的无限风光。

合作是形势所逼，大势所趋，是"乱云飞渡"中的生存之道，要想登上"险峰"，领略"无限风光"，不仅要有"相逢一笑"的善意，更要有"心底无私"的合作精神。

十二、驾校联合中的"时间魔咒"

驾校间的联合究竟能够维持多长时间，是"闪婚"后旋即破裂，还是维持三年两载便分手，能不能"执子之手，与子偕老"呢？自2016年在国内驾培市场上首开"区县驾校携手共进合作共赢"研讨会以来，几年间推动了许多县区驾校的联合，也看到了听到了许多合了又散的故事，驾校联合中有没有"时间魔咒"呢？

首先，联合的时间长度与联合前磨合的长度成正比，谈判、学习、参观、借鉴时间长且充分者，联合时间相对较久，反之则短；其次，联合的时间长度与参加驾校的数量成反比，联合的范围越大、驾校数量越多，联合持续的时间越短。联合的时间长度与联合的深度、联合的版本之间的关系更紧切。

有的区县驾校间的联合是"泥巴联合"，笔者称之为草台简单式0.5版本的联合。这种版本的联合主要有三种形式。一是"形式主义"的联合，几年前有几个地市的驾校，举行了大张旗鼓轰轰烈烈的行业自律的签字仪式，每个签字者都表示不打价格战，不进行恶性竞争，但签字之后，价格战又炮声隆隆，由此可见，没有强力约束惩罚措施的自律都是水中月、镜中花。二是"发誓赌咒"的联合，有的联合不靠人事靠神灵，不靠制度靠赌咒。中原某地就有这样几个校长一起来到观音菩萨尊下发誓，最终还是联合失败。三是"保证金式"的联合，有的联合维护合作的手段是"保证金",但这"保证金"地位是尴尬的,法律上缺乏明确规范,甚至不合法,一旦使用就会落下"垄断市场、串通操纵价格"的把柄。"保证金"既起不到保证的作用,也不敢使用,最后还得一一退回。上述三种版本的联合都是"短命"的联合,无"久"可言。

有的区县驾校间的联合是"陶瓷联合",这是驾校联合中的"1.0版本"。"陶瓷联合"指的是联盟式的联合,不是全方位一体化的联合,只是局部经营管理内容的联合,突出的重点是价格的自律,制约的措施是二次利益分配。这种"陶瓷联合"又分为"陶联合"与"瓷联合"。陶器和瓷器是有区别的,除了原料、烧制温度不同外,硬度也不同,瓷器要比陶器坚固耐用得多。笔者把以成立一个驾培服务公司为纽带和平台把驾校捆绑在一起的联合称为"瓷联合",把没有成立公司的联合称为"陶联合"。前者有《公司法》的保驾护航,有公司章程的约束,不是小孩过家家,想玩就玩,不想玩就散伙,这种"公司结构"的联合进来容易出去难,"退群"是要有程序的,无理退群是要付出重大代价的。"陶联合"没有成立公司,则名不正言不顺,进退失据,左右为难,这种为了省钱省事只求利益最大化的合作,与"瓷联合"比较而言,存活寿命毫无疑问要短。河南某县拥有85万人口,12所驾校,2018年10月28日,在笔者的设计和推动下,河南某县12所驾校的法人和授权人在《驾培管理服务公司章程》和《驾校合作经营自律管理协议书》两份文件上郑重签字,之后顺利地组建了"驾培管理服务公司",成立了统一的报名大厅,联合一年多来,分歧纷争不断,期间还经历了股东的增减和学时对接断网带来的新一轮更疯狂的价格战冲击等风波,他们先后召开了16次股东会议,在公司框架内解决了分歧纷争,至今联合仍在健康地运行。

有没有区县驾校间的"钢铁联合"呢?理论上有,这种联合是联邦制、紧密式、一体化的，是联合的 2.0 版本，是志同道合、命运共同体的联合。这种版本的联合在实践上也有，比较典型的是"和田模式"。2018 年 11 月中下旬，和田七所三级驾校将所有权与经营权分离，联合成立了和田众联服务公司，由这个新公司全权管理下属的驾校，统一组织构建，统一培训教学，统一教练车调配，统一员工招聘管理，统一招生经营。一年的运行中有两所驾校因故退出，其余五所驾校在联合中尝到了甜头，坚定了信心，并经当地运管工商部门批准，注销了原有五所驾校培训许可证和工商执照，给和田众联服务公司发放了培训许可。五所驾校已成为真正的"钢铁联合"。

　　驾校联合中的合合分分将是常态，合与分不外乎一个"利"字，所谓分有分利，合有合利，分利大则人心思分，合利大则人心思合。若有初心在里面则大不一样，便会合得久，合得深。驾校联合的质量表现在三个维度上——广度、深度和长度，三者的关系又是辩证的，有广度，就很难有深度；没有深度，又很难有长度。

第四章

价格混战

驾校转型启示录

一、驾培行业的价格战，玩的不只是心跳

价格战已经在中国驾培行业肆虐多年了，肆虐的结果是眼睁睁地把一个"小康行业"变成了微利行业，再变成了亏损行业；硬生生地把"向阳花"变成了"苦菜花"。驾培行业的价格战是一面镜子，折射出的不仅是驾校投资者、经营管理者的商业智慧、商业道德，也折射出了行业管理部门的监管力度和状态。

价格战作为商战竞争的武器，能够起到快速打击对手，迅速提升市场销量和强占市场的作用，在各行各业被广泛应用。价格战是市场经济的必然产物，除非垄断行业，否则就必须接受这样残酷的竞争。但是价格战一旦陷入今天降一点、明天降一点的恶性循环，就失去了意义，带来的只是企业的利润一天天损失，不仅不能提高自身的竞争力，还会给行业的发展造成恶性损害。分析其他行业的价格战，人家玩的是心跳，纵观驾培行业这几年的价格战，我们玩的不只是心跳，而是心衰！

看看各地驾校价格战的玩法，不知是心跳，还是心痛，但肯定不是心动。

东北孙校长：医得眼前疮，剜却心头肉

2015年国庆期间，笔者应邀在东北某地考察，在一所驾校大门前看到一副招生广告条幅：某某驾校"十一"大放送，VIP报名一次性收费1980元。这所驾校的老板是一位姓孙的女士，为人豪爽，孙校长旗下不仅有两所驾校、一个考场，还有一个出租车公司。交谈中，孙校长介绍说："过去咱家是有钱的，吃饭买衣服，那都是上高档饭店、商店，现在不行了，驾校价格战打得不挣钱了，发不上工资，我就转让一辆出租车来发，已经转让了两辆了，真是应了古诗上的那句话：医得眼前疮，剜却心头肉。国庆、中秋一起来了，员工又两个月没发工资了，没办法只好VIP放血降价，明知道这还是赔钱，但卖出租车太心疼了！"

西北马校长：赔钱赚吆喝，无利也没有多销

2017年12月4日，应酒泉驾培协会的邀请，笔者到酒泉给驾校投资人和职业校长进行了"驾校生存与发展"的专题讲座，其中有几位校长表示过去认为价格战不可思议，对他们是很遥远的天方夜谭，而现在却很现实地摆在面前。有位姓马的校长告诉笔者："我们有些驾校招生费已降到1600元（包含考试费），都在赔钱赚吆喝，关键是降价也多招不了学员，无利也没有多销。我已经靠卖东西来支撑驾校的运转了，上个月卖了一个车库，这个月又卖了多年收藏的部分钱币，这样的日子不知何时到头！"

武汉一驾校：偷鸡不成蚀把米

2018年春节后，武汉市一所规模较大的驾校，春节开工便在接送学员的班车上悬挂出了"XX总校开学特惠1999元"的广告，把当地学车

价格直接拉下了1000元,价格战打响的当天这所以挂靠为主的分校的教练员就齐聚总校要求退款,最后价格战只打了一天便草草收场,变成了一场闹剧。

重庆一驾校:"香肠越切越短"

重庆有所地处区县经营了多年的驾校,擅长于价格战,多年前第一次打价格战时学员爆满,老板喜不自禁,认为招收学员如同韩信点兵多多益善,结果学员严重积压,久久拿不到驾照,于是怨声载道,纷纷退学。吃一堑长一智,这所驾校以后再打价格战见好就收,价格再反弹上来。可是2018年之后价格战的老章法不灵了,不仅招收的学员数量不理想,价格也反弹不上来了,招生价格就像切香肠一样,越切越短,目前经营举步维艰。

河南某地一新驾校:"神风突击队"自杀战术

2013年的秋季,应河南省某市驾培科的邀请,笔者给当地的校长们讲了三天的驾校经营管理的课。在课余的交流中,大家义愤填膺地谈到一个新办的驾校,其招生口号是:"要挑战本地驾培市场招生价格的最低线。"这个县城有五所驾校,在这所驾校的带领下,驾校招生价格一路走低,从2400元(包含500元的考试费)迅速滑到1800元。这所新驾校又放"豪言":谁要是再降价,我就一步到位:收1600元,再返还学员500元,于是价格在1800元打住了。挑战驾培市场的最低线,不是英雄豪杰,犹如日本"神风突击队"自杀战术,这所位置和硬件条件都不错的驾校为何采取这种经营模式真的让人费解。

一桩桩,一件件,活生生,血淋淋。

有的是主动挑起价格战火,更多的是无奈地跟进,"潘多拉"的魔盒

第四章 价格混战

一旦打开,"多米诺"骨牌就会一块一块地倒下。挑起价格战者没有胜利地站在城墙上屹立不倒,跟进者则是苦不堪言,已经奄奄一息。不是把产品做好,而是把价格做低,会在不知不觉之中自己就把自己给灭了。

价格战已经带给驾培行业足够多的痛苦,驾培行业需要恢复商业理性,要在价格战中觉醒,而不是重蹈覆辙!

二、驾培行业的价格战伤不起

古希腊神话中有这样一个故事:一只蜂房里的蜂后从海米德斯山飞上夏林比斯山,把刚从蜂房里取出的蜂蜜献给天神。天神对蜂后的奉献很高兴,就答应给她所要求的任何东西。蜂后请求天神说:"请你给我一根刺,如果有人要取我的蜜,我便可以刺他。"天神很不高兴,因为他很爱人类,但因为事先已经答应,不便拒绝它的请求,于是天神回答蜂后说:"你可以得到刺,但那刺会留在对方的伤口里,你将因为失去刺而死亡。"伤害是一把双刃剑,当你伤害了别人时,正有一把剑刺向你自己。

古希腊的这个神话故事是对价格战的最好诠释:价格是把双刃剑,可以伤人,也可以伤己。非理性的价格战,通常等于同归于尽。当行业无钱可挣那一天,所有的驾校都是受害者。

纵观国内这几年驾培市场上的价格战,有明确目的和一定技术含量的高质量的价格战几乎没有,大都是一片混战。逢节必搞活动,"活动"的含义就是降价,你降我也降,你狠我更狠。这种价格混战,无疑是弊大于利,虽然价格战吸引了学员的眼球,促进了有限的招生,也广而告之了,但通过价格战来达到这些目的,是杀鸡取卵,饮鸩止渴,以牺牲长久利益去换取短期利益的行为。

价格混战的主要弊端有下列几项：

"价格战"会降低驾校利润水平，影响驾校长期的发展

商品的价值规律告诉我们，价格是由成本决定的，无论怎样竞争，价格绝不能低于成本，低于成本就是自杀，就是恶性竞争。当价格大战展开时，驾校就像旋转的陀螺停不下来，价格越降越低，利润越降越少，甚至是亏本。许多地区的驾校由于价格战，招生已经到了2000元左右，甚至更低，显然已经到了不计成本、不顾效益的地步。恶性价格战带来的大都是贪图便宜的学员，使许多驾校"增量不增收"，甚至招的越多亏损越大，最后导致入不敷出，卯吃寅粮，借贷经营，过一天算一天，撑一天是一天，真的是苦海无边，不知何处是岸。

降价往往是以牺牲服务为代价的

笔者在重庆某所驾校考察，看到这所驾校人气不旺时，随即举行了一次学员座谈会。学员大倒苦水：人多车少，一天摸不了几把方向盘，不知何时能拿到证。据悉这所驾校前不久打了一场"一步到位"的价格战，导致学员积压，出现了"小马拉大车"的局面，学员怨声载道。一次价格战使这所驾校这几年逐渐形成的一对一的"预约班"、四人一车的标准班荡然无存。校长痛定思痛，认为价格战得不偿失，悔不当初。俗话说：一分钱一分货，伴随着低价招生的必然后果一定是：训练无保证、考试无保证、拿证无保证，快乐学车、轻松拿证就更不用想了。

降价在一定程度上会影响驾校的形象

过去的十几年间，驾培市场从短缺到饱和，再到过剩。短缺时期，驾校间拼的是合格率、出证量；饱和时期，驾校比的是服务质量；过剩时期，驾校竞争的是品牌。经常降价的驾校，不降价招不到学员的驾校，大家不会感觉这是一流的企业，报名时总有些忐忑不安，如果后期再出现二次收费，或者服务打折的现象，学员就会感叹："便宜无好货。"这样就会形成坏的口碑，影响企业的形象。在价格战中，不降价的驾校会受到伤害，自然不会等闲视之，往往会发起针对性的宣传攻势——"驾校乱价已成病态，糊涂人看价格，聪明人求质量，骗子没成本，大家都在拼智商……如果你在乎的是品质，就请尊重它的价格，如果你想要的是便宜，请不要妄想有好的品质，黄金有价，信誉无价。"这个帖子就是应对降价的反攻武器。一个驾校树立形象、打造品牌需要付出长期的努力，花费大量的心血，而一次不成功的价格战会使其形象严重受损。

价格战会影响驾校的可持续竞争力

一个驾校必须具有核心的可持续的竞争力才能赢得优势，在市场上站稳脚跟。这种核心的可持续竞争力包括很多方面，如职业化的员工队伍、科学化的企业管理、品牌化的发展战略等，但这些都是以企业有足够的经营利润为前提的。一个企业如果连生存都不能保证，又何谈竞争力呢？内强素质、外树形象是一个复杂、艰苦而又长期的工程，打价格战相比较而言简单得多，打几次就会产生依赖性，像使用抗生素一样，久而久之自身的免疫力就会大幅下降。

驾培市场上的价格战毫无疑问是弊大于利，饿死同行，连累自己。既然如此，驾培行业为何对价格战"乐此不疲"呢？

三、驾培行业为何对价格战乐此不疲

价格战在驾培行业成了过街老鼠——人人喊打。为什么价格战的始作俑者刹不住车，跟随者也陷入其中不能自拔呢？

分析其原因，有的说这是驾校无序地大量增多，培训能力严重过剩导致的，有的说这是驾校同质化现象严重、没有核心竞争力的结果，有的说这是行业管理部门监管的失位、缺位、不作为造成的，还有的说这是驾校投资者、经营管理者不自律所诱发的。众说纷纭，莫衷一是，这些说法都有其道理，但却都忽视了另外一个重要的原因，就是市场上那只"看不见的手"的作用。

亚当·斯密被誉为"现代经济学之父"，他的著作《国富论》被尊为西方经济学的"圣经"，其中心思想在于：在社会行为中，每个人的行为都是由"利己心"出发的，每个人都知道自己的利益所在，都会使自己利益最大化。"利己心"会指导着大家把资本向着最有利的地方去投资，也会操纵着投资者选择对自己最有利的经营方式，这就是一只"看不见得手"。从"利己心"的角度分析在价格战中是参与还是不参与对自己更有利呢？

第一种情形：别人打价格战我不打，我吃亏，所以我要打。

第二种情形：别人先打了价格战我后打，我吃亏，所以我要先打。

第三种情形：别人打价格战的幅度大，我幅度小，我吃亏，我要"一步到位"。

在为了自己的利益、不能吃亏的"利己心"的驱动下，价格战由此引发，并一发不可收拾。

第四章　价格混战

新驾校要打价格战,这是我生存的"奶水"。一个新驾校刚刚诞生,其培训服务质量不为外人所知,没有市场上的知名度,第一波学员就是它生存的"奶水",因为它刚刚诞生,生存是第一位的,还没有其他更多的竞争手段,最简单的办法就是以价格在市场上撕开一个口子,提高质量是以后的事。另外,急需回笼资金的压力也会促使新驾校打价格战。

经营欠佳的驾校要打价格战,明知是"鸩水"也要喝。有些驾校虽建校多年,但始终没有起色,硬件上规模不大,软件上队伍不正规、管理低档次、服务不赢人,明知价格战是毒品,无奈没有其他的竞争手段,不得不跟随打价格战,久而久之已经形成惯性,明知价格战是"鸩水",也不得不喝。

有实力的驾校有时也参与价格战,这是他们的"酒水"。有实力的驾校把价格战看作是"苦酒",虽然不想喝,并大声呼吁不要打价格战,但大家当作耳旁风,我苦苦规劝,大家置若罔闻,我洁身自好,大家并不知我好,但我一木难以支撑整个大厦,大家都在打,为何受伤的总是我?好吧,我也上场玩一把,玩一把大的狠的,看谁能玩过谁,让大家都感到痛。我玩价格战不是为了清场,而是为了唤回大家的理性,坐下来,共同研究如何"救市"。

参与了驾培市场上的价格战"利己"了吗?没有!伤敌一千自损八百,损人也没利己。

"纳什均衡"理论中的经典案例"囚徒困境"给了我们答案。

假设,有两个小偷 A 和 B 私入民宅盗窃被警察抓住。警方将两人分别置于不同的两个房间内进行审讯,其结果是三种情形:第一种情形:如果两个犯罪嫌疑人都坦白,则两人各被判刑 8 年。

第二种情形:如果其中一个犯罪嫌疑人没有坦白而是抵赖,则以妨碍公务罪(因已有证据表明其有罪)再加刑 2 年,而坦白者有功被减刑

8年，立即释放。

第三种情形：如果两人都抵赖，警方因证据不足不能判两人的盗窃罪，但可以私入民宅的罪名将两人各判入狱1年。

这个案例，显然最好的策略是双方都抵赖，结果是都只被判1年。但是由于两人处于隔离的情况，首先应该是从心理学的角度来看，当事双方都会怀疑对方会出卖自己以求自保，其次从亚当·斯密的理论来看，假设每个人都是"理性的经济人"，都会从利己的目的出发进行选择。

两个囚犯符合自己利益的选择是坦白招供，原本对双方都最有利的策略不招供就不会出现。这样就出现两人都选择坦白因此各被判8年。按照亚当·斯密的理论，在市场经济中，每一个人都从利己的目的出发，而最终全社会达到利他的效果。但是可以从"纳什均衡"中引出一个悖论：从利己目的出发，结果损人不利己，既不利己也不利他。

驾培市场的价格战产生于市场那只"看不见的手"，结果却是"囚徒困境"。

四、学车不能唯低价是举，经营不能唯价格战是举

2017年4月19日，中部某二线城市出现了驾校学员集体到市政府上访的群体事件，从视频和照片上看，上访的学员情绪激动，防暴警察到场干预。此情此景中学员的冲动、驾校的尴尬、政府的恼火暴露无遗，事态怎能发展到这种地步呢？

从电话和网络了解到的情况是这样的：涉事驾校长期以来以低于其他驾校的价格大量招生，造成了一定的学员积压，还有二次收费的问题。合同中约定的培训内容和拿证时间得不到履行，学员退费不成并受到粗

暴对待，上访事件便由此引发。

这是一个"双输"的悲剧：学员花费了金钱，浪费了时间，却让自己掉入了倍受煎熬的学车陷阱里；驾校浪费人力，花费心思，却把自己困死在恶性、低价竞争的牢笼里。这样的上访事件应该是驾培界里的一个"警钟式"的巨响，学车人与驾培人原本是相互依存的共同体，而今却成了两败俱伤的受害者，不得不让人们去深度思考如何规避这害人害己的事件发生。

学员的教训：学车不能唯低价是举，要理性消费

装修时如果贪图低价，可能会被偷工减料，以次充好；旅游时贪图低价，可能会被强制消费、减少景点；购物时贪图低价，可能会买到冒牌产品，性能低劣。学车也是同样道理，贪图低价，一定会遭遇学时减少，服务打折。

学车是一项技能投资，是一项关系到自己和他人生命财产安全的投资，不能完全被价格左右，要讲究品质，讲究性价比，省钱不能省品质。规范的品牌驾校，价格是贵点，但教学和服务有保障，在拿到驾照的同时，是否能让自己养成良好的车德、驾驶习惯和驾驶心态才是最重要的。不能省了学车的费用，以后却多花了汽车维修的费用，甚至治疗费用，那可是捡了芝麻丢了西瓜，太不划算了。一味贪图低价，连学车的过程都迟迟完成不了，让人同情之余，学员自己也要好好反思一下。

驾校的教训：经营不能唯价格战是举，要提高竞争档次

价格战是市场竞争环境下的必然产物，当市场达到一定规模，进入者达到一定数量，如果其中没有一家具有明显优势，势必产生直接竞争，这种直接竞争通常到最后会以价格战的方式体现。所有行业都会出现这

驾校转型启示录

种现象，前些年从彩电到微波炉，从旅游业到零售业，都不能幸免。

近几年来随着驾培市场的进一步开放，驾校数量大量增加，培训能力严重过剩，于是驾培行业价格战狼烟四起，愈演愈烈，有许多地区已出现全行业亏损的现象。价格战不仅会增加自身的负担，损害客户的利益，还会影响行业整体良性发展。通俗地说是累死自己，饿死同行，坑死学员，全盘皆输。

价格战是一种成本领先的竞争手段，如果价格低于成本，那就是不正当竞争，因此打价格战要有底线，不能没有最低，只有更低。从长远的角度看，驾培行业的投资者、经营管理者在经历了价格战的痛苦后，要逐渐地觉醒，不能唯低价是举，要学会打服务战、质量战、文化战，要在内抓管理、外塑形象上下功夫。就像几年前微波炉行业的格兰仕和美的，为了最大限度地占领市场，不惜进行零利润甚至负利润销售，你降价100元，我就搞价值150元的赠品，结果是两败俱伤。后来才发现，共同携手把市场做大，开发微波炉更多的用途和引领消费者的认可才是上策。

五、打价格战之前要先想好

《孙子兵法》在开篇告诫大家：战争是一个国家的头等大事，关系到军民的生死、国家的存亡，不能不慎重、周密地研究。因此开战之前，必须通过敌我双方五个方面、七种情况的分析比较，预测了胜负才可以决定。五个方面是道、天、地、将、法，暂且不细说，七种情况是"主孰有道？将孰有能？天地孰得？法令孰行？兵众孰强？士卒孰练？赏罚孰明？吾以此知胜负矣。"翻译过来的大意是：哪一方的君主是有道明君，能得民心？哪一方的将领更有能力？哪一方占有天时地利？哪一方的法规、法令更能严格执行？哪一方资源更充足，装备更精良，兵员更广大？哪一方的士兵训练更有素，更有战斗力？哪一方的赏罚更公正严明？通过这些比较，我就知道了胜负。

商场如战场，驾校在打价格战之前也要计算一下、权衡一下，这一仗打下去有多少胜算？如何收场？

你在和谁打？ 张三率先打了价格战，李四跳出来，不服气，跟他叫阵，看似是对着张三去的，实际伤害的是王五、赵六……一个县区少则五六所驾校，多则十几所驾校，这种价格战是群战，不是一对一，也不是三英战吕布，而是群战，混战。如果是一对一，或者是三英战吕布，一定要分出上下高低，你死我活，但群战、混战是敌我不分，打下去的结果是自相残杀，同归于尽。

你有多少实力和本钱打？ 在驾培市场上，有实力和本钱打价格战的是过去挣了钱的，我亏得起；有大车培训资质的，我以大车养小车，堤内损失堤外补；规模大的，你们的价格战是小打小闹，我一打就翻江倒海。但是在驾培市场上首先挑起价格战的往往不是有实力的，或者说不是最有实力的，最有实力的往往是最后的参与者，一旦参战就是物极必反的那个"极"，会加快价格战的结束。理性价格战的价格是"盈亏平衡点"，低于"盈亏平衡点"就是恶性肿瘤了，但许多地区驾培市场的价格战已经低于了"盈亏平衡点"，再不医治，不仅是集体痛苦的问题，而是大面积覆灭的问题。

你准备怎么个打法？ 价格战是想打速决战，还是持久战？发起价格战的肯定是想打速决战，捞一把就撤退，但结果往往是形成了持久战。打价格战不是目的，只是一个手段，目的是谈出一个和谐公平的驾培市场。只谈不打的是理想主义者，虽然热爱和平，却得不到和平，最后还会伤痕累累；**只打不谈的是单边主义者**，是蛮干，想一统江山，在中小驾校多、各有各的地盘的驾培市场上，不可能实现；**边打边谈的是现实主义者**，事实胜于雄辩，实践是检验真理的唯一标准，打价格战是没有出路的。谈是要有实力的，你的实力也就是你的话语权的分量；谈也是有时机的，先行有人打价格战，刚得到一点小便宜，还在沾沾自喜的时候，你和他谈价格战的危害，他能收手吗？只有打得痛到骨头里，谁也没有能力再打下去了，才能真正坐下来谈停战协议。

制造业的价格战与服务业的价格战截然不同，模仿不了。制造业的价格战，区域是有选择的，这个地区打，那个地区不打；在对手强势自己薄弱的区域，我跟你打，在自己的强势区域市场而对手薄弱的区域，我不跟你打；产品是有选择的，这个品种打，那个品种不打；价格是有选择的，"击穿底价"的价格战，目的是为了清场，这在制造行业可以，在驾培行业却不行；时间是有选择的，什么时间打，什么时间不打。制造业的价格战一切都有其章法，而驾培行业的价格战，没有章法，完全是一片混战，打得昏天黑地、劈头盖脸，是全垒打、全方位打，只有开头，没有结束，没有最低，只有更低。

中国驾培市场上的价格战，涉及范围已经足够大了，时间已经足够久了，造成的破坏已经足够惨了，应该停止了。

六、谁是驾培行业价格战的"终结者"

"隐形冠军"之父、《定价圣经》的作者赫尔曼·西蒙对价格战有一番独特的看法："在市场上既有明智的企业，也有自毁式的企业。区别何在？明智的企业懂得规避价格战，而自毁式的企业则会深陷价格战的泥淖。而且，只需一个自毁式竞争对手就能导致整个行业的自我毁灭。"驾培行业中有自毁式的企业，也有明智的企业，遗憾的是许多明智的企业没有唤回自毁式企业的理性，反而被自毁式企业拖入了泥潭（当然这绝不是全部）。任何一场战争有开始就有结束，商场上价格战自然也是这样，但结束的时机会有所不同。有的地区在还没有造成毁灭性破坏之前，就签订了"停战协议"；有的是拼尽了资源，打尽了弹药，再也打不动了才结束。结束的方式因各地情况的不同也会不同，从已经在价格战的泥潭里整体挣扎出来的地区和个体驾校看，驾培市场上价格战的终结至少有以下几种方式：

终结于行业自律、抱团取暖

任何有理性的竞争者都会意识到发起价格战不会得到额外的市场占有率，往往是损人不利己，因此不要纠缠于价格战，和竞争者共同生存并学习怎样和他们有效地进行合作才是明智的。在这种思维引导下，在许多不忘初心有责任感的驾校校长的号召下，各地驾校纷纷组建行业协会，进行价格和其他经营行为的自律，采取核算成本价、交纳保证金的方式遏制恶性的价格竞争，虽然很多地区的行业自律因为个别驾校的契约意识差、投机行为重而出现破局或反复的现象，但毕竟迈出了可喜的第一步。而有的地区，由于工作充分且细致实现了同行（háng）同行（xíng）携手共赢的局面。

终结于行业监管、主管作为

运管处驾培科是当地驾培市场的主管部门，对驾培市场的健康发展有着不可推卸的责任，其中的一个责任就是会同物价和工商部门，通过行政和法律手段，对驾培市场的价格进行监管，既不能形成价格垄断、暴利，也不能出现低于成本的恶性竞争。遗憾的是主管部门直接出面监管价格的事情，笔者很少看到和听到。这不知是笔者孤陋寡闻的缘故，还是确实就真的很少。当然，运管部门也有他们的考虑：价格是由市场决定的。在一些价格稳定的地区，运管部门扮演了幕后英雄的角色，他们通过引导和指导驾培行业协会，由驾培行业协会出面牵头进行行业自律，运管部门则给予强力支撑。据《汴梁晚报》2017年7月13日报道，汴梁市一所驾校因违规低价招生，扰乱驾培市场秩序，被该市道路运输协会驾培分会工作人员在暗访时发现，该驾校受到汴梁市道路运输协会驾培分会通报批评和罚款的处理。据笔者事后了解，当地驾培分会表示正是有了运管部门的大力支持，才能够大胆地发挥自律作用。

终结于市场竞争、大浪淘沙

在资源、机会有限的驾培市场上，价格的竞争实际上也是一种行业重新洗牌的优化选择，有实力的企业留下，没实力的企业淘汰，其实这也反映了企业优胜劣汰的要求。一味地打价格战，不会一鼓作气，只会再而衰，三而竭。但是否有置之死地而后生的成功案例呢？答案是肯定的。东北某地驾培市场有两个规模略有差别的领头驾校，两所驾校在一条马路上，相距1000米，老大规模略大，老二规模虽小点，但有考场。老大和老二的价格战持续打了三年，老二是一条路走到黑地降价格，老大是一方面跟进价格，一方面练内功，抓队伍抓管理抓资金筹措，最后耗死了老二，于是老三、老四、老五等纷纷推举老大当驾培协会的会长，价格回归理性。但这种回归是不是暂时的，会不会好了伤疤忘了疼，只能靠时间去检验了。杀敌一千，自损八百，这是很多人对价格战的直观认识，事实也确实如此。因为以"清理门户"为目标的价格战要让对手退出市场，没有"自损八百"的勇气是不行的。

终结于差异化经营、品牌化发展

在过去的十几年中，我国的驾培市场从短缺到平衡，再到过剩。短缺时，驾校间竞争的是合格率和拿证速度；平衡时，比的是训练和服务质量；过剩时，拼的是差异化和品牌。时代在发展，社会在进步，然而很多驾校没能与时俱进，驾校的经营管理思维与水平还停留在短缺和平衡的市场时期。同质化严重是当今中国驾培市场的一大问题，许多驾校的服务套餐都是一样的。这种低水平的同质化无疑会带来无休止的价格战。当今时代，消费市场呈现多元化倾向，个性消费日趋明显。经营者在微利中取胜，重要的是"你无我有""你有我优""你优我精"，打造产品或服务的个性差异，以差异性开拓市场、占领市场、取胜市场。只有"风景这边独好"，才能吸引消费者，刺激消费者，激发他们的消费欲望。在价格战中，是否都是覆巢之下安有完卵呢？是否把所有的驾校都拉到泥潭中呢？并非如此。一些差异化经营、品牌化发展的驾校尽管生源也受到了一些影响，但在逆境中岿然不动，对稳定市场起到了中流砥柱的作用。石家庄足利驾校、绵阳圣水驾校和绵州驾校就是这种靠差异化经营、品牌化发展，打服务仗不打价格战的企业。

石家庄足利驾校从 2002 年何初江先生接手变为独资企业后，从来没有参与价格战，充足的学时、大服务的概念、一对一的培训模式使之与其他驾校有明显的区别，招生价格始终高出同城驾校一千多元。四川绵阳驾培协会会长董仕志先生经营着两所驾校——圣水驾校与绵州驾校，两所驾校先后都被中国道路运输协会评为"全国文明诚信优质服务示范驾培机构"，董仕志先生也被评为优秀职业经理人，两项殊荣集于一身者在国内驾培圈中为数不多。2017 年 12 月中旬，作为这两所驾校的管理顾问，笔者再次来到了绵阳，给圣水、绵州驾校全体员工进行《服务上档次，招生上台阶，众志成城，决胜未来》的专题培训。此时，绵阳驾培市场降价暗流蠢蠢欲动，董校长审时度势，不跟进，不推波，而是向市场提前宣布圣水、绵州驾校自2018年2月1日起小车学车价格上涨300元。两所驾校2018年1月的招生量与2017年12月相比不但没有下降，反而略有增长。进入2018年2月后报名量也基本没受影响。

时间是最好的裁判，实践是检验真理的唯一标准，我国驾培市场上的价格战仍然刀光剑影、硝烟弥漫，驾培行业价格理性回归，路漫漫其修远兮。

七、驾培行业价格回归之路漫漫

学车该涨价了，或者不叫涨价叫回归，价格回归有许多理由，这是人心所向（行业内人），这是大势所趋，利国利民。可是在价格回归的过程中，坏的消息多于好的消息，有的出师未捷身先死，有的呛了一口水便打了退堂鼓，有的反反复复不断折磨驾培人本来就脆弱的神经。看看下面的这几个案例：

常德价格未涨先被"告诫"

2017年8月28日上午，常德市发改委召开常德市驾培行业价格政策提醒告诫会。市发改委价格监督检查局、市运管处、市城区24所驾培学校代表以及常德市驾驶员培训协会负责人参会。据了解，常德机动车驾驶员培训收费已于2014年9月1日放开，实行市场调节价。部分驾培学校以经营困难及驾培模式改革为由，多次开会协商并以协会名义起草（拟定）行业指导价涉嫌价格串通。了解上述情况后，常德市发改委主动作为,向与会者发了"关于对机动车驾驶员培训机构进行政策提醒告诫的函",并表示将联合市运管处切实加大对驾培行业监管力度,规范其价格行为,督促严格落实明码标价政策,对合谋串通涨价、哄抬价格等各类价格违法行为一经查实,将依法严肃处理。

西部某县价没涨成反被罚款 40 万

我国西部有个贫困县,2016 年有四所驾校,都是二级、三级的小驾校,在价格节节下滑都不挣钱的情况下,终于达成了一致,联合涨价,但由于没有很好地规避法律风险,加之操作上出现种种错误(把自律协议发到了网上),被当地发改委抓了个正着,证据确凿,四所驾校各自被罚 10 万元,真是雪上加霜。屋漏又逢连夜雨,2017 年又添了一所驾校,小车招生价格直降到 1800 元(含 630 元考试费),几所驾校卯吃寅粮拖欠工资已成常态,春节补发工资都要借钱了。

多地隆重召开自律大会,会后仍然"春风不度玉门关"

经常看到这样的报道:某市隆重召开驾培行业自律大会。又是领导出席,又是新闻报道,各会员单位又是签署"自律书",又是庄严宣誓,很是热闹。然而仅仅十几天之后,价格战硝烟四起,又是炮声隆隆。

驾培市场恶性竞争积重难返,做好价格"回归"要花大力气,下细功夫,需做好下面的工作:

其一,要成立协会有步骤地进行价格回归工作。如果驾校单边行为,自己涨价,那与别人无关,但要集体行动就肯定麻烦很多,要统一思想,求同存异;要统一行为,自我约束;要统一领导,服从协会。唯有如此,价格回归方有可能。行业协会是行业发展到一定阶段的必然产物,在行业的发展中发挥代表、服务、自律、维护的作用,没有强有力的驾培协会的组织领导，价格回归不是胎死腹中，就是半途夭折。

其二，要先测算好学车的成本价，依法有据。测算成本价是为给价格回归寻找法律的依据。《中华人民共和国价格法》确定了三种定价方式：市场调节价、政府指导价和政府定价。由于各地情况的不同，国内驾培市场有的地方仍然是执行政府指导价，但更多的地方是市场调节价。**市场调节价是指由经营者自主制定，通过市场竞争形成的价格。《价格法》第八条规定：经营者定价的基本依据是生产经营成本和市场供求状况。**由此可见，成本是定价的基石。没有政府指导价怎么办，泸州市道路运输协会驾培专委会没有被动等待，而是主动出击，聘请省市三家不同的会计师事务所，分别对本市一、二、三类驾校各抽两个买地和租地经营成本进行鉴证审核，得出了高、中、低三个成本，最后确定了均价3958元。学车价格回归到成本价之上，依法有据，且是保护消费者利益的行为，有关部门应给予支持和肯定，对低于成本价招生的则应予打击。先把"盾"做好，才能出"矛"。

其三，要向有关管理部门报备。无论是国企经营者还是民企老板，寻求行业主管部门领导的理解支持是学车价格回归关键的一环。测算出能站得住脚的学车成本后，以协会的名义报送有关部门，比如发改委的物价部门、工商局的公平交易局和消费者权益保护协会以及运管等部门。泸州市道路运输协会驾培专委会正是这样事先汇报，事中请示，才有了事后的平稳。

其四，要舆论先行。舆论导向是学车价格回归的重要一环。当前面几项工作做好之后，就要主动地与媒体沟通，引导消费者理性消费，尽可能地实现价格平稳回归。另外，时间点上不要选在春节前，这个时间段是国家平抑物价的敏感时期。

其五，要制订出切实可行的自律措施。这是价格回归工作中最难的一项工作，也是决定成败的一项工作，没有充分酝酿的过程，没有切实可行的措施，没有强有力的监督处罚手段，可能就会昙花一现，有一人退出重拾价格战，那就会引发多米诺骨牌效应，最后造成联合破局。在价格回归的道路上，清理非法驾培也是重要的一环，"黑驾培"不除，就不可能确立新的价格体系。清理"黑驾培"不是单兵作战可解决的，要靠齐心合力，多管齐下。

其六，要有一定的价格落差。不管驾校规模大小、设施优劣，也不管位置远近、管理好坏，统统一个价格，那显然是价格垄断，肯定会留下把柄，受到打击。另外，这既对消费者不公平，也不符合市场法则，大排档和五星级饭店一个价位，谁还到大排档消费？大排档没了生意面对是关门歇业，还是另起炉灶、暗度陈仓的选择时，无疑会选后者。另外，价格的回归最好分步到位，不要一次提升太大，一次到位所造成的反作用力太大。

其七，要不忘初心，切实提升培训和服务质量。不能价格回归了，培训和服务却一切如旧。学员多交了钱，没有得到应有的消费品质，自然会不满意，仅仅强调驾校投资者的利益，不考虑社会利益和学员利益的行为都是不和谐的，都是不可持续发展的。现在学车价格低，我们说没钱做服务是成立的，但有许多驾校在过去学车价格高时，也没有内抓管理、外塑形象，时至今日沦落到只能打价格战的境地。价格回归后，这些驾校会不会再重蹈覆辙呢？江西婺源五所驾校在学车价格回归后，采取了一系列提升服务的措施，过去没有的班车接送考试、统一理论培训、400投诉热线、电话回访学员、教练员"黑名单"制度等措施相继都得到了落实，学员满意度得到了很大的提升。

一讲"抱团""联合""回归"，大家首先想到的是价格，这没错，价格是基础，也是动力。价格回归不是保护劣质产能，而是让大家守住道德底线、遵守商业规矩；价格回归不能杀富济贫，市场经济没有大锅饭可吃；价格回归不能从一个极端跳到另一个极端。我国驾培行业在经历了十几年的快速发展，甚至是野蛮生长之后，需要回归的还很多，价格的回归仅仅是表象，还有许多本质的东西要回归。要回归"企业"，要真正对人财物有充分的控制权，而不是挂靠的联合体；要回归"加工厂"，做到产供销一体，招生培训考试一条龙，而不是一个批发"矿石"的平台；要回归"教育"，把给学员养成良好的车德、习惯和心态作为培训的重点，而不是把拿证作为唯一目的；要回归"精细化"，有计划地步骤地建立"完善的学员服务体系、严密的质量控制体系、立体的营销体系和特色的文化体系"，而不是放羊式的管理。

虽然驾培市场上价格回归"路漫漫其修远兮"，但为了使命，不忘初心，我们还是要"上下而求索"，如此方得始终！

八、学车要"涨价"的四个理由

在制造业调整、服务业兴起的当下，处在汽车后服务市场前端的驾校，无疑还是朝阳行业，但就是这个朝阳行业，由于培训能力的严重过剩所导致的低价运行，已经由"向阳花"变成了"苦菜花"。许多地区的驾校老板都在艰难支撑，苦苦度日。

驾培市场的价格应该提升了，我觉得不应该使用"涨价"这个词，而应该使用"回归"，而且是理性的回归。

其一，价格回归是驾校使命的要求。驾培行业的使命是培养合格的机动车驾驶员。驾校以及驾校的教练员是安全驾驶的引路人，是把好安全驾驶第一关的人，是永不休止的"交通战争"最前线的人，是从车轮底下拯救生命和财产的人，可谓责任重大，使命光荣。没有必要的成本支撑，这一使命难以完成，如果战士吃不饱，弹药不充分，怎么在"交通战争"的最前线打胜仗？国家规定的驾驶培训大纲和考试规则、办学准入条件决定了这一培训成本，当学费达不到这一成本时，自然培训质量就会打折，各项服务措施难以保障。"涨价"后，学员有意见是正常的，但这个意见并不合理，有关部门更应该考虑的是"驾培行业的使命"——培养合格的机动车驾驶人，如何降低车祸的发生率，以更好地保护人民生命财产的安全。

其二，价格回归是市场变化规律的要求。十几年前，驾培市场由计划垄断到开放竞争，较早的一批民营驾校相继诞生，那个时期学车的价格就三四千元了，那是一个低投入高产出的时期。十几年过后的今天，油价翻了几番，员工工资增长了几倍，按着《机动车驾驶员培训教练场技术要求》的要求，训练场地的投入不断加大，税收成本更是名目繁多、数额巨大，各种费用都在上涨，与此同时学车的周期延长了，考试的项目增加了，考试的难度加大了……可是学车的价格没有水涨船高，而是呈现跳水式的下滑，驾培行业由暴利到微利，由微利到亏损。对于国内大部分地区的驾校经营而言，学车价格2000元是自杀线，招的学员越多，亏损越大；3000元的价格是生存线，这个价格除去日常的开支所剩无几；4000元的价格是小康线，达到这个价格水平，驾校才能良性循环，可持续发展，可是国内驾校处在这一价位上的地区少之又少。

其三，价格回归是企业自身发展的要求。开办驾校的目的当然是赚钱，如果一家企业不赚钱，那么不仅无法经营下去，还是违反经济运行规律的。商业的本质就是在法律法规许可范围内获取最大利益。

其四，价格回归是保护学员利益的要求。

第五章

挂靠
演变

一、挂靠——驾校老板很悲催

九嶷山，又名苍梧山，位于湖南省永州市宁远县境内，相传古时舜南巡狩崩于山间，即葬于山前，二位妃子娥皇、女英千里迢迢前来寻觅，两人的眼泪洒在了九嶷山的竹子上，竹竿上便呈现出点点泪斑，有紫色的，有雪白的，还有血红血红的，这便是"斑竹""湘妃竹"。

笔者曾应永州驾培同仁的邀请曾前往永州进行了四天的考察，在冷水滩和零陵两个区分别参加了三场校长级的座谈会，参观考察了七所驾校，记录了十几页的考察笔记，掩卷思考，感慨良多。

九嶷山上白云飞

九嶷山下的永州驾培市场目前还是不错的，以永州市政府所在地的冷水滩区为例，虽然驾校逐年增多，但都是三类、二类驾校，基本上都是挂靠经营，现有驾校19所，教练车972辆，年招生量为3万人左右，招生价格在3600元上下，招生差的驾校每年也有1000人，好的接近3000人。在考察中，笔者看到每个驾校的人气都还可以，丝毫没有门前冷落车马稀的感觉，从市场上看这里还是"白云飞"。

2016年，永州的驾培市场火爆，广东深圳、广州的学车人员因暂住证的限制，大量涌入永州，每所驾校都是爆满，不用训练，每人收2000~2600元不等的所谓"档案费"，仅此一项，三类驾校也能月增收入四五万元，大点的二类驾校就净增收入15万元多。那个时候，九嶷山下的驾培市场一片繁荣。一个全靠借贷刚办起来不久的三类驾校90后校长，马上贷款买了宝马，还有一个年龄不大的校长魄力更大，贷款办起了车行，买了一座农庄进军旅游业。

好景不长，风云变幻。2018年10月永州办暂住证受阻，驾培市场坐享其成的外来"蛋糕"没有了。为了争夺本地"蛋糕"，驾校的"挂靠费"开始下滑。屋漏偏逢连夜雨，随之而来的是驾校需按新国标验收。征地、搬迁都需大量资金投入，那位投资车行、农庄的老板资金链断裂、负债累累，驾校被法院查封。九嶷山上的白云依然在飞，山下驾校老板们心中却布满了乌云。

驾校老板很悲催

悲催之一：风险与收入不成比例。

永州靠"挂靠"经营的驾校老板，每招一名学员，教练员仅给驾校交1100元左右的"挂靠费"，驾校代缴500元左右的考试费，仅剩600元，与此同时，驾校承担的风险是多重的：其一，违规使用土地的风险，其二，训练事故的风险，许多挂靠经营的驾校对教练员的训练疏于管理，甚至没有管理，但出了事故则脱不了干系，这样的案例不仅永州驾培市场有，其他地区也屡见不鲜；其三，逃税漏税的风险，永州驾校是交"定税"，数量不多，招生收入的三分之二在教练员手中，而驾校收的"挂靠费"仅仅是一点管理费，如果要按过去的税项补交税，那可不是小数目，谁的头都会大，补税之时，挂靠驾校的教练员是不会替驾校分担的。

悲催之二:"面子"与"里子"反差巨大。

在外面,驾校校长很风光,一校之长,法人,受人尊重,被人羡慕。当然,他们也理应受到社会的尊重。随着市场经济的不断发展和完善,民营企业的老板越来越受到社会的尊重,因为他们在付出超出常人的努力和承担了巨大压力的情况下,为安排就业、增加税收、发展经济做出了贡献。可是,他们当中有些人回到驾校就风光不再了,整天对教练员笑脸相迎还不被教练员当回事。有些教练员认为是我们有恩于你,你是靠我们"交租子"发财的,你就是"收租院"的剥削者。你凭什么管我?在永州考察驾校时,目睹五六位教练员训练期间脱岗扎堆下象棋,陪同笔者考察的老板见惯不惯,也熟视无睹。更有甚者一些"刺儿头""事儿妈"型的教练员还经常给校长出难题。在一次驾校校长座谈会上,与会的校长讨论的诉求点竟然是"怎么样让我们有点尊严"。我理解和同情他们的心情,在驾培市场供不应求的年代,驾校校长们当年曾经是"大爷",掌握名额的分配权,挂靠的教练员,谁敢不听;现在市场供大于求,培训能力过剩,名额都用不了,教练员不给驾校"交租子",驾校就要停摆。从控制教练员到被教练员控制,成也萧何,败也萧何。

举步维艰千般累

永州驾校校长们生存现状一个字——累!

累,首先是身累,这一点凡是投资驾校的都有体会,办了驾校从此就不潇洒了。上要了解各种政策,符合法规要求;中要处理好各驾校间的关系;下要带好员工队伍,服务好学员。方方面面,里里外外,怎能不累。

累,表面上看是身累,其实是心累。心累,累在不知该走什么样的经营之路。永州冷水滩维达利驾校何校长2008年投资办驾校时，整个永州只有30所驾校，他所在的冷水滩区只有6所。当时，他名下有25辆教练车，十几亩训练场，现在有70辆教练车，50亩场地，依然是靠"挂靠"经营，建校初潇洒挣钱，现在累死了还亏本。挂靠的路是走不下去了，直营没有经验，驾校地理位置又不好，他没胆量没信心，不知道以后的路该怎么走。何校长这几年所面对的经营变化和当前的心态在靠"挂靠"经营的驾校老板中是具有一定的普遍性，不投资改造扩大场地不符合国标不是"等死"，是"马上死"，投资扩大场地是"找死"，而且负债经营，可能死得更难看。人家是条条大路通罗马，驾校老板是条条小路走不通，满肚子委屈又与谁人诉说？累！

做驾校的老板累，但靠"挂靠"经营的驾校老板们的累与自主经营的驾校老板们的累不一样，甚至是有本质区别的，前者操心的是"招商"，让更多的教练员来"挂靠"，后者操心的是招生；前者是要处处小心维护好教练员，只要他们不惹事、不出事就好，后者是时时想办法提升教练员的素质，不进步就是退步。

上下左右无所依

永州部分县区驾校的老板和全国其他地区驾校的老板一样，上下左右无所依。

上，改变不了政策。训练模式、考试模式、管理模式方面的政策变化大，需要按之进行调整，即使驾校数量太多了，政府也不能不审批，符合条件的政府不批会被告"不作为"；即使招生价格太低了，驾校都不挣钱了，但市场经济就是要充分竞争，优胜劣汰，用"无形的手"淘汰劣质产能……

中间，大家不团结。驾校校长们本应坐下来好好谋划一下，成立自己的协会，形成合力维护合法权益、自律经营行为，可是驾校校长们话不投机心不齐，驾培协会还没成立，教练联盟圈子却早已形成，且一个驾校老板也不允许进入……

下，落不了地。驾校的地是租来的，教练员、车辆和学员名义上是属于驾校的，但教练员不是驾校的员工，是各自为政的"游击队员"，说不定在其他驾校有兼职，教练车不是驾校花钱买的，学员不是驾校招的，本来驾校老板和教练员是船长和水手的关系，是风雨同舟的命运共同体关系，可现在却离心离德，心不在一个频道，劲不在一个方向……

"行路难，行路难，多歧路，今安在？……"李白在《行路难》中的这些描述也是永州部分县区驾校老板生存现状的写真。在中国驾培市场中像永州这样挂靠经营的驾校总量是多少呢？官方没有披露过，大数据也没有显示过，我只能说相当多，这一群体观念和行为的改变对中国驾培的改革与健康发展至关重要。

二、挂靠——形成、发展与演化

何为挂靠经营？简单地说就是驾校老板拥有机动车驾驶培训行业许可，有培训场地，教练员自己购买教练车，自主招生，自主培训，自担费用，每培训一人向驾校老板缴纳数额不等的管理费（有的叫手续费或档案费）。缴纳的方式各地也有所不同，有的是先缴纳全部的学费，学员拿证后再将培训费退给教练员，有的仅缴纳管理费。从经营模式上划分，国内驾培行业大致有三种模式：全部挂靠经营、部分挂靠经营和全部自主自营。本文仅对第一种模式进行剖析。

挂靠经营的形成与背景

挂靠经营这一模式的形成背景与三个因素有关：

其一，和交通行业传统有关。在驾校允许民营资本进入以前，交通行业已经对过去属于国有垄断经营的客运、货运市场进行了放开，许多业内人士或者有关系的人员率先成立了客运或货运公司，获得了经营许可，在缺资金的情况下招纳别人挂靠经营，逐渐形成规模，有的还有自己经营的车辆，有的干脆就是"空手套白狼"。这种模式很容易被后来办驾校的人借鉴。

其二，和创业资金有关。早期投资驾校的都是小老板，甚至是打工者，那时的大资本看不上驾驶培训这个小行业，缺资金是驾校共同面临的困境。那时跑关系批资质拿许可要花大笔钱，建场地又要花大笔钱，这些钱要么是民间借贷，要么是找人共同投资。投资了资质和场地的就成了股东，投资了教练车的就成了挂靠的教练员。早期的驾校就是这样办起来的。

其三，和市场供求关系有关。2000年以前，驾培市场总体是求大于供，属于短缺经济，考试环节也比较宽松，那时的驾校投资者，谁的情商高，谁就能拿到更多的考试名额，谁和考官的关系好，谁就挣大钱。那时，挂靠教练员的命运攥在老板的手中，挂靠教练员是依附于老板而存在的，给多少名额，都要看老板的态度和心情，挂靠教练员不敢不听老板的，不听话就会被断"口粮"。老板的主导作用没法挑战。

挂靠经营的发展与演化

挂靠经营经过十几年的摸索，也在不断地发展和演化，虽然还有相当一部分挂靠经营者仍在沿用最原始、最落后的模式，但也有许多经营者对挂靠模式进行改良与提升。纵观国内驾培市场挂靠经营的管理模式可分为三个档次三种模式。

低档次的"放羊式"挂靠经营模式。老板不招生，只"招商"，学员不是老板的"上帝"，挂靠的教练员是他的"上帝"，多多益善，甚至没有培训资质的"黑驾培"送来的学员也来者不拒，只管收"租子"，来没来上班、在不在岗、训练服务如何一概不管，有的想管也管不了。挂靠环境好的市场，老板不仅可以收管理费，还可以收车辆进场费，市场不好的仅能收点少得可怜的管理费，有些地区在恶性竞争之下管理费已经只收二三百元。这种挂靠经营是最原始最粗犷的模式，是风险性很大必须淘汰的模式。

中档次的"有管有放"的模式。这种模式比"放羊式"多了很多控制措施：首先，教练员要交一定数额的保证金放在驾校，学费要统一交到驾校了，教练员不能私自收学员，报名手续要在驾校办理；其次，双方有较为正规的经营合作协议，权利义务有明确的约定；第三，对教练员的行为有监督、制约、奖惩措施，教练员在安全执教、文明执教、廉洁执教方面做得好并且超额完成了任务，年终有返利，反之如果出现吃拿卡要、粗暴教学、安全事故以及"脚踏两只船"的现象要给予处罚，严重者，驾校有权终止挂靠经营协议，收回车辆。这种模式"管"没有管死，"放"没有放乱，是仍然有生命力的经营管理模式。

高档次的"精细化内部经营承包"模式。这种模式从本质上讲不是挂靠经营，是内部承包，从自主招生、自主培训、自担费用方面与挂靠经营有相似之处，但其他方面完全不同。首先，身份不同。挂靠经营的教练员是自由职业者，承包经营的教练员是公司员工，与公司有劳务合同，有隶属关系。其次，管理模式不一样。挂靠经营的教练员是自我管理，几乎没有规章制度约束他，完全靠教练员的自我修养自我完善；承包经营的教练员要完全遵循公司的《员工手册》和规章制度，身穿工装，上班打卡，统一训练，开会学习，与没有承包经营的教练员没有两样，区别仅仅是绩效考核的方式不一样。第三，教练车的权属不一样。虽然从形式上教练员都是挂在驾校的名下，但挂靠经营的教练车是教练员自己掏钱购买的，关系闹僵了教练员不挂靠了，驾校老板要不就要帮教练员转户带走，要不就要掏钱赎回，这都比较麻烦。承包经营的教练车是公司掏钱买的，无论承包者经营如何，教练车都要留在驾校。"精细化内部经营承包"模式运行严密，成熟的驾校"经营承包"协议有十几页之多，双方的权利与义务规定得很详细，执行起来纠纷很少，既有效地调动起了教练员的工作积极性，增加了教练员的收入，又减轻了驾校的经营压力，真正实现了双赢。"精细化内部经营承包"是一种非常值得借鉴和推广的模式。

现在名额到处都有，哪里都富余，挂靠驾校随便选，以优惠的价格招揽挂靠教练员的驾校非常多；合格率"电子考官"说了算，和老板没关系；学员是教练员招的，驾校老板不好，教练员随时走人。挂靠经营的驾校老板已经不是老板了，而是给教练员打工的"打工仔"了。

驾校老板为何还端着挂靠经营的"饭碗"不放呢？原因是没有砸掉这个"挂靠饭碗"的想法和勇气。挂靠经营在有些地区已经成为驾培市场上的主流模式，这一地区的驾校投资者就认为"挂靠经营"是唯一的模式，他们反而对直营模式不能理解，怎么能直营呢？招这么多教练员怎么管理？招生好的，教练员自己单干了，这不是花钱给人做培训吗？招生不好的还要给他发工资，那不赔死了吗？什么叫抱残守缺？什么叫故步自封？观念不更新，看到的就只有走不通的老路，没有另辟蹊径的新路。

驾校转型启示录

三、挂靠——再说爱你不容易

三个档次三种模式中"再说爱你不容易"的仅是指低档次的"放羊式"挂靠经营模式,在这里所分析的缺点与弊端,也是针对这一模式而言的,归纳起来有以下几点:

第一,管理能力弱化,基本功能丧失,失去竞争力。验收、年度质量信誉考核时,看似职能健全、制度齐全,实则都是摆设;看似五脏六腑都有,但都不发挥作用。有培训部教研室但不抓统一教学、规范训练,有办公室或人力资源部但没有定员定编定责的绩效考核、没有招聘培训淘汰机制。没有造血功能——招生,没有消化功能——培训,没有免疫功能——管理,只能吃点残汤剩饭,维持半死不活的状态。有些挂靠经营的驾校,动辄几百辆教练车,表面上有一定的规模,但根本不可能实现规模化经营,从外看似是高楼大厦,但根基在沙滩,经不起风浪的冲击。

第二,不能与时俱进适应市场的发展和消费者的需求。随着市场竞争的加剧,直营的驾校都在尽可能地满足学员的个性化需求,采用多套餐的服务,差异化的经营。可是挂靠经营的驾校招生、训练都是各自为战,教练员从接送报名办理入学手续、体检到理论考试、实操训练,全部是一个人完成。一会儿要给刚报名的学员讲"上下车动作、六大部件";一会儿又要给科目二的学员辅导"坡道定点停车与起步"的要领;一会儿还要训练道路驾驶。训练杂乱无章,既不科学,也没有效率。在这种情况之下没法配置资源,没法优化服务,没法组织进行整体的市场开发与品牌打造。

第三,自己主宰不了自己的命运。管理就是控制,控制不了学员,左右不了市场，控制不了教练员，左右不了服务训练过程，如何维系自己的命运。河北省机动车驾驶员培训行业协会王传伦会长在其《驾培业发展困境解析与对策》中分析道："相当一部分驾校自招自训学员仅占10%～20%，80%以上的生源掌握在挂靠经营者和二道贩子手中。他们开始左右市场定价，牵着驾校鼻子走，出现了挂靠点'吃肉'、驾校'喝汤'的反常局面，驾校最终自食苦果。"菏泽永顺驾校时剑校长认为：干得好、口碑好的挂靠教练员或分校，从他们那里考出去的学员，绝不会介绍学员给总校；干得不好的、吃拿卡要严重、培训质量低下，甚至跑路的黑驾校，所有负面影响都得总校来承受，所有的烂摊子，都得总校来接手。菏泽郓城顺达驾校副校长李若习撰文感叹道：黑驾校，黑的是正规驾校名誉，黑的是正规驾校的地盘，最终搞黑了正规驾校；分校，分的是总校的生源，分的是总校的利润，分的是总校的品牌影响力，最终会把总校给分散了；挂靠，挂的是羊头，卖的是狗肉，依赖挂靠吃饭的驾校将会无饭可吃，甚至在不知不觉间，自己驾校就被挂靠给弄"挂了"。

　　第四，经营风险巨大，随时都可能成为被告。挂靠经营说起来是自主经营、自担风险，但学员走的是驾校的通道，车辆挂在驾校的名下，驾校又收取了一定的管理费，一旦出现问题驾校脱不了干系。有个挂靠教练员训练期间脱岗，一个女学员在独自训练中，错把油门当刹车，将另外一个女学员碾压，造成骨盆粉碎性骨折。事发后，教练员逃逸，驾校垫付了20多万元的治疗费，后续的治疗和赔偿不知道还要花多少。《解放日报》和《上观新闻》相继刊登了《几十名学员找不到"顾教练"》的记者调查，披露了曾先后挂靠过三所驾校的"顾教练"将学员学车费用席卷一空后携款逃逸，警方对之进行了立案，运管部门要求有关驾校积极配合司法部门开展案情调查、处置，受害学员有11名已被安排到有关驾校继续受训学车，所涉驾校已被记入年度培训机构质量信誉考核不良名单。这两个案例再次揭示了挂靠经营的风险，驾校有多少辆挂靠经营的车辆，就有多少颗"定时炸弹"，出了问题，挂靠教练员跑路了，驾校跑不了，真的是应验了"跑了和尚跑不了庙"这句老话。只要驾校还在搞挂靠经营，就有擦不完的"屁股"，救不完的"火"。

第五，没有归属意识，永远都是"两张皮"。说得好听，驾校老板与"挂靠教练员"是合作关系，我给你创业的平台，你给我建功立业；说得不好听，就是相互利用的关系，我给你合法的身份，你给我挣钱。钱好赚时，大家相安无事，钱不好赚时，就互相转嫁危机，这种关系如何能形成一荣俱荣、一损俱损的"利益共同体"？古话说得好："夫妻本是同林鸟，大难临头各自飞。"何况为了利益而临时组合的脆弱的"家庭"？2018年，四川绵阳就出现了挂靠的教练员实名举报并状告驾校老板偷税漏税和涉嫌商业欺诈的案例。

早先的挂靠经营有其特定的市场环境，那时这种借水行舟、借鸡下蛋的经营方式是可行的，或者是在缺资金的情况下是聪明的，之后模仿这种方式的也还能生存。在今天，驾培市场已经发生了根本性变化的情况下，如果还继续抱残守缺、刻舟求剑，只能自我淘汰了。驾培市场开放的十几年来，已经从短缺经济发展到质量经济，再发展到品牌经济了。短缺经济，进入就挣钱，躺着就挣钱，情商高就挣钱；质量经济，努力才挣钱；品牌经济，优秀才挣钱，智商高才挣钱。

四、挂靠——今后该举什么旗？走什么路？

鲁迅先生说："世上本没有路，走的人多了也便成了路。"人类在变，路也在变，有的路从又窄又短变得又宽又长；也有的路从又宽又长变得又窄又短,这一切取决于世事的变化。驾校挂靠经营之路(仍然是指前文中第一种低档次"放羊式"的挂靠经营模式)随着驾培市场的变化也在变化,这一变化是反向的,由坦途变得崎岖,由光明变得黑暗,要想改变命运就不能一条路走到黑,不撞南墙不回头,要想改变命运就必须放弃老思维,变更新坐标,考虑好举什么旗?走什么路?

举"素质与服务并重"之旗

旗帜是指导思想,是方向,是信仰,旗帜举错了,也就意味着从根子上错了。

驾培行业是一个技术培训的服务行业,满足人们学习机动车驾驶技术的需求,于是大部分的驾校投资者仅仅把这个行业当作一个生意,而且是一个门槛低、投入不大、先收费不用回收货款的生意,许多老板转行投资驾校也是基于这些原因。商业之旗的核心是诚信,只要服务质量好就可以实现利益最大化。然而,驾培行业不仅是门生意,它还属于教育行业,是一个关系到生命和财产安全的实用技能培训的行业,仅仅举商业的旗帜是不行的,还要举教育之旗,而且要举得更高。教育之旗的核心是素质,**驾培行业消费的诉求点随着驾培市场的发展变化逐渐地由只求结果(拿证速度)到注重过程(服务与素质)演变转化**。在驾校数量少、培训能力不足的情况下,学员追求第一位的是拿证速度快;随着驾校数量的增多,可选择性的增加,学员除了追求拿证速度快以外,又增加了服务好、价格低的要求;在培训能力严重过剩、竞争加剧、人们理性消费意识不断提高的当下与未来,在拿证速度、服务和价格相差不大的情况下,学员追求的重点已经向培训质量倾斜了。无论是挂靠还是直营的驾校,未来都不可能再把驾校当作一个简单的生意,举"素质与服务并重"之旗,认真地提升教练员队伍素质,切实提高培训质量,不但

驾校转型启示录

让学员顺利地拿到驾驶证，同时还要让学员熟练地掌握安全文明驾驶的技术。

走自主经营之路

走自主经营之路，首先要弃"筏"变"船"。 挂靠经营的驾校不是一条完整的船，只是一个"竹筏子"，由一根根竹竿拼接组合而成，在顺风顺水的情况下，竹筏子载人也不少，成本低，效益好，遇到大风大浪竹筏子就会被打翻，甚至解体。船则不一样，有心脏：动力系统；有骨骼：船体；有肌肉：水手；有大脑：船长。船是一个整体，航行能力、承载能力、抗风浪能力都是竹筏子所不能比拟的。船才是真正的企业，竹筏子仅是一个平台。

走自主经营之路，其次要回归企业。 驾校是一个服务性的企业，企业的构成有八个要素：①资金：企业的血液；②市场：企业的目标；③人力资源：企业的心脏；④机器设备：企业肌肉；⑤材料：企业的食粮；⑥管理：企业的血脉；⑦技术：企业的大脑；⑧信息：企业的神经。靠挂靠经营的驾校不是完整的企业，市场、人力、机械设备、材料都不是自己的。挂靠经营的驾校要想改变命运首先要完完整整地做企业，收回车辆，有自己的"肌肉"；招聘教练员，有自己的"心脏"；开发市场招生学员，有自己的"粮食"。只有这样，挂靠经营的驾校老板才能成为真正的企业主宰，不再是场地出租业主，不再受制于人，才能有充分的资源与权力施展自己的治校抱负，落实自己的发展理念。

一些三级、二级挂靠经营的小驾校在举"素质与服务并重"之旗，走自主经营之路中，困难更大，除了资金和能力的因素之外，就是严重的信心不足，即使艰难地完成了转型，但没有规模效益也很难走出困境，因此在走直营路线中，最好是联合数家同样是小而散的挂靠经营的驾校，抱团取暖，联合直营。甘肃某市区七家驾校的成功联合直营给这些驾校开创了一个很好的示范案例。挂靠经营时各自为战，它们就是"七个小矮人"，联合直营，它们就变成了"小巨人"，不但"大"，而且"强"。

举什么旗？走什么路？决定权在驾校自己。

五、挂靠——决定命运的是你自己

长期挂靠（仍然是指前文中第一种低档次"放羊式"的挂靠经营模式）经营的驾校老板，满腹辛酸、委屈，而且经营状况逐年下滑，也感觉到了巨大的压力，认识到了不能一条路走到黑，但为何迟迟不改变呢？为什么"夜里千条道，早上起来还是卖豆腐"呢？究其原因，一是顾虑太多没有勇气，二是深陷其中无力改变。

顾虑太多没有勇气者，犹如下面这个农夫。

有人问农夫："种了麦子了吗？"农夫："没，我担心天不下雨。"那人又问："那你种棉花没？"农夫："没，我担心虫子吃了棉花。"那人再问："那你种了什么？"农夫："什么也没种，我要确保安全。"

挂靠经营的驾校老板肯定不止一次地有人好心劝告其改弦更张，但打消不了这些驾校老板的重重疑虑：担心学员不好招，担心老教练员不好管，担心新教练员没经验，合格率上不来，担心增加工资成本……种种担心，还是等等再说吧。其实道理是一样的，一个不愿付出、不愿冒风险的人，对他来说一事无成是再自然不过的事。我想许多行业主管部门的领导与直营驾校的校长对挂靠经营的驾校老板也有"哀其不幸，怒其不争"的心情。

深陷其中无力改变者是"温水煮青蛙"所导致。

驾校转型启示录

20世纪90代,美国康奈尔大学做过一次有名的"温水煮青蛙"实验。经过精心策划安排,他们把一只青蛙冷不防丢进沸水里,这只反应灵敏的青蛙在千钧一发的生死关头,就像被电击似的跳了出来安然逃生。

几天后,实验人员使用同样的铁锅,在锅里放满冷水,然后把那只死里逃生而身体安然无恙的青蛙放在锅里。这只青蛙在水里不时地来回游动。接着,实验人员在锅底下慢慢加热,青蛙不知究竟,仍然在微温的水中享受"温暖",等它开始意识到锅中的水温已经使它熬受不住、必须奋力跳出才能活命时,一切已为时太晚。它全身瘫痪,呆呆地躺在水里,终致葬身在铁锅里面。

长期挂靠经营的驾校老板,经历过"温暖"的环境,舒舒服服地也挣了几年钱,后来环境逐步恶化,但他自己的机能已经严重退化,想重整旗鼓已经是心有余力不足了,这种情况毕竟是少数。

挂靠经营(仍然是指前文中第一种低档次"放羊式"的挂靠经营模式)是中国驾培行业的一个痼疾,好多乱象由此而引发,解决挂靠经营也不单单是驾校老板的问题,驾培行业的管理者、从业者也都有其相应的责任。路漫漫其修远兮,解决挂靠经营是一个长期的工作。

第六章

打黑
驾培

驾校转型启示录

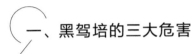

一、黑驾培的三大危害

非法改装的蓝牌教练车，不固定的培训场地，不确定从哪个驾校走手续，没有公章的培训合同，大幅低于市场价的收费标准，名目繁多的多次收费……这些都是"黑驾培"的标志。贪图便宜、方便的学员和只顾眼前蝇头小利给予办理手续的驾校使这些"黑驾培"得以生存并快速发展。在有些地区，这些"黑驾培"已经对驾培市场带来了巨大冲击，严重影响了驾培市场的健康发展。各地关于"黑驾培"的报道不断见于诸多媒体，综合起来可以归纳出"黑驾培"的三大危害。

争抢生源，市场秩序破坏大

《衡水晚报》记者在"深州市前磨头镇黑驾校乱象调查"中采访了一位学员，学员称当初报考"黑驾校"，主要是考虑便宜、拿驾照快，但整个过程并不顺利。到最后才发现，既耽误了时间和精力，也花了很多冤枉钱。这位学员说，"黑驾校"往往存在低价陷阱，对所有学员初次收费2000元左右，随后再以各种原因和借口不断地收费，有的学员交了10000多元，直到过了三年有效期还没有通过考试。

据山东聊城市驾培业内人士估计，当地有"黑驾培"点近千个，他们所招生的学员总量已经超过正规驾校，占到了整个市场招生人数的70%。与聊城不远的济宁市，市场更加混乱，济宁市区驾校仅有20多所，乡镇"黑驾培"点无数，驾校招生价格战打到小车1800～1900元/人，挂靠费竞争到980元（包含570元的考试费与40元的体检费用），"黑驾培"的车辆多是蓝牌淘汰、报废的出租车，几千元一辆，即使车辆被查、被扣也不心疼。济宁市梁山县四所驾校抱团取暖后，招生价格回升到3380元，成为济宁价格最高的县，每年大概报名学员在1.5万人左右，但梁山县有"黑驾培"一百多家有一半的学员被"黑驾培"分流到附近的县区驾校。

我国现有驾培机构超过2万家，从业的教练员超过70万人，训练车辆将近90万辆，年培训能力可达5000万人。目前全国每年学员的报名量不到培训能力的一半，培训能力已经严重过剩。全国"黑驾培"究竟有多少，官方没有统计，大数据也没有显示，我们只能说相当多，这相当多的"黑驾培"又分掉了相当多的"驾培蛋糕"，使惨淡经营的驾校雪上加霜。

条件简陋，安全隐患大

2019年1月，昆山市交通运输道路综合执法大队接到群众举报，在曹浦路捣毁一个黑驾培窝点，当场查获涉嫌非法驾培车两辆。执法人员发现，车上只有两名学员，都没有驾驶证，且没有教练，培训车辆车况极差，存在零件缺损的情况，甚至使用无牌车辆进行驾驶培训，存在较大的安全隐患。取证完毕，执法人员当即责令停止培训活动，并依法对涉案车辆进行查扣，并处罚款。

《太仓日报》记者在调查中发现，"黑驾培"为了降低成本，基本都

驾校转型启示录

采用二手车作为培训工具,这些车辆有的接近报废,有的已经报废,车况极差。教练员只是普通的驾驶员,没有取得教练资格证。他们在培训时,仅仅在车辆的副驾驶位置安装一个辅助制动踏板。而且,这些车辆都没有上相关的保险,一旦出现安全事故,后果不堪设想。这样的"黑驾培"其安全性和培训质量可想而知。

据报道,四川省珙县王家镇团聚村村民邓文明发现同村驾校教练有一辆快报废的老式桑塔纳汽车闲置,便提议教练把车卖给他,他自己在家里练习开车。邓文明把自家楼顶修建成科目二训练场,天天在自家楼顶上练车,最终通过了考试。自学成才后,邓文明认为,"自家坝子,又没有路人,初学开车速度也不快,即使撞了,也不会伤人。"于是开始招收学员,干起了"黑驾培"。被曝光后,有网友评论:"一些学员就在这几百平方米的楼顶上以生命为代价勤学苦练,是在用生命换取驾照……"

没有保障,学员维权难度大

《山西经济日报》记者在对太原驾校市场进行调查中发现"黑驾校"多于正规驾校,而且损害学员利益的事情经常发生,曾经有过在"黑驾校"学车经历的小苏向记者讲道:"培训费只能说是考证的一部分费用,其他需要'孝敬'教练的费用多着呢。"小苏叹了口气接着说,"报名的时候说得可好了,可到了学车的时候又说车少人多得排队,你要是想往前排多练几次,那就得'孝敬'教练,今天买包烟,明天买瓶水,这样,教练不但能让多练一次,而且还会给些指导。"

安徽《市场星报》记者在合肥暗访了"黑驾校"之后,发现很多大学生为了图快图便宜不仅在"黑驾校"报了名,而且做了"黑驾校"的招生代理。记者带着"本地招生培训、外地考试、快速拿证、价格低廉、没有正规的训练场地和教练车的这些驾校合法吗?去外地考试人身安全有保障吗？大学生应该如何维护自己权益，选择正规的驾校呢？"种种疑问向合肥市运管处驾培科进行了咨询，相关负责人告诉记者：这些"黑驾培"多半存在"猫腻"，在后期会以各种理由加收费用，大学生千万不要接触这类驾校，务必在正规驾校报名。大学生社会阅历尚浅，往往容易被"低价"蒙蔽了双眼，但是后期一旦遇到加价、违规培训和考试等情况，是很难维权的，因为举证很难。

《太仓日报》记者报道：有一位女性市民向市交通运输部门投诉，她在一年前看到了一个驾培招生的小广告，对方承诺两个月即可拿到驾驶证，且在报名费之外不收取任何费用。令她没想到的是，自己报名之后，不仅学车时间得不到保证，而且每次去苏北某市考试都要额外交费，目前她已经花了近8000元费用还没有拿到驾照。现在她已经怀孕，要求对方退还学费，可对方根本不认账，不仅威胁她，还和她玩起了失踪。

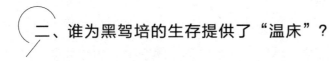

二、谁为黑驾培的生存提供了"温床"？

一个公益性的影视广告里面有个广告词让我深以为然："没有买卖，就没有杀戮"。

"黑驾培"的存在是因为有"正规"驾校的"买卖"才得以生存和发展，驾校不接受"黑驾培"送来的生源，"黑驾培"就失去了生存的土壤，这也是一个链条。黑驾校之所以能茁壮成长，还要归功于正规驾校源源不断地提供给养。菏泽有位李校长认为，"黑驾校并非新生产物，他们和正规驾校一样，也是搭着驾校社会化的春风出生的，他们和正规驾校同龄，共同成长⋯⋯以前政策不够完善，管理制度不够规范，驾校

驾校转型启示录

为快速回笼资金,为了多招生,主动迎合,甚至主动寻找、招募'分校'或挂靠者,黑驾校便应运而生。"很多驾校的校长都认识到,正是这种省心省力的"懒汉式"经营理念培养出了这些"黑驾培",这些"黑驾培"经过多年的修炼,泛滥成灾,把驾校一步步逼向灭亡,这是孰之过?孰之罪?

整顿驾培市场要坚持两手抓,两手都要硬。一方面,要斩断"买方"市场,合法正规的驾校要真正做到合法正规地经营,不为"黑驾培"开"绿灯",另一方面,对"黑驾培"持续打击,这样才能达到净化驾培市场的目的。

2017年1月9日上午,邯郸市峰峰矿区采取集中行动打击境内"黑招生点""黑陪练点"等非法经营行为,共查处非法陪练点15家,下达"违法通知书"20份,拆除非法广告牌20余块。峰峰区三所驾校都是直营的驾校,没有挂靠,更没有给"黑驾培"提供机会,"黑驾培"是来分地盘抢蛋糕的,他们招的学员都送到了外县区的驾校,对于"打黑",当地运管所领导坚决支持。

聊城驾培市场则与峰峰矿区形成强烈反差,聊城市现有驾校36所,据业内人士估计,"黑驾培"点近千个,这些"黑驾培"招收的学员绝大部分都送到了本地的驾校,他们所招生的学员总量已经超过正规驾校,占到了整个市场招生人数的半数以上,"黑驾培"已经控制了市场,左右了价格。

如果驾校源源不断地接受"黑驾培"送来的生源,靠此生存,靠此得利,又要求政府打击"黑驾培",抱怨政府打击"黑驾培"不作为、不得力,自然理不直,气不壮。我们不能拿着手电筒只照别人的缺点,打铁还要自身硬,没有行业的自律怎能有行业的发展。

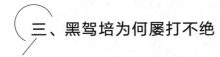

三、黑驾培为何屡打不绝

贪图便宜，就近练车

随着人民生活水平的不断提高，打工族和农民学车的比例逐年提高，广大农村已成为驾培市场主要生源地，打工者可以在打工的城市学车，而交通不便的农村学员学车有诸多的不便，到驾校学车往往要跑到几十里路外的县城，就近学车就成了农村学员的期盼。"黑驾培"也正是看准了这一需求便做起了这"无本生意"，当起了"赤脚教练"，车是自家的蓝牌车，场地就随便选一块田间地头、废弃院落，学员下地或送完上学的孩子回来随时可以练两圈。由于成本低，这些"黑驾培"往往以低价招揽学员。

改头换面，场地隐蔽

据《衡水晚报》记者报道，根据知情人士提供的线索，记者发现"黑驾校"大多以"车友技术交流中心""车友俱乐部"等作为招牌，直观上并不能识别出是驾培机构。"因为前段时间有相关部门对他们进行了查处，所以不敢再明目张胆地打'驾校牌'。"这位知情人士说。但是，通过仔细查看不难发现，个别"黑驾校"的玻璃窗及门面不明显位置仍标有某驾校的字样。

陕西广播电视台《第一新闻》记者在商洛市商南县调查"黑驾校"情况时发现试马镇龙岔沟有一个黑驾校点，在一处木材厂中，大门紧闭上锁，一名男子驾车拦住了记者不让上前。记者随后通过航拍看到，木材厂后有一处训练场地，场地内有十余名学员正在练车。无独有偶，在

驾校转型启示录

富水镇南坪村的一处黑驾校点,训练场地被蓝色的彩钢板围了起来,一名男子非常警惕地走到记者面前,当记者表示想到训练场看看时,这名男子非常警惕地称门锁着进不去。随后记者用航拍看到训练场内有二三十名学员正在练车,规模不小。

游击战术,"敌"进我退

聊城驾校的朋友告诉笔者:这些从事"黑驾培"的人训练时间往往选在人们不上班的一早一晚,你查处时,他们休息,你不查处时,他们出动。另外,他们的消息也很灵通,而且信息共享,有打击行动,他们就蛰伏几天,风头过去,他们一切照旧,警惕性很强,给打击行动增加了难度。

力度有限,死灰复燃

运管部门作为驾校的主管部门,在维护驾培市场的健康有序发展中责无旁贷,打击"黑驾培"义不容辞,是打击"黑驾培"的主力军,但同时由于人手有限、权力有限,在打击"黑驾培"中也受到了很多制约,非法改装车辆、无证驾驶的执法权属于交通警察,无证经营、非法做广告的查处权属于工商局,违法占用土地又隶属于土地局管辖,单方打击力度不够,联合打击又有一定的组织难度。一次打击很难一网打尽,多次持续打击时间精力有限,于是"黑驾培"就像那"离离原上草",野火烧不尽,春风吹又生。

四、打击黑驾培必须多管齐下

大造舆论,晓以利害

舆论先行是推动各项工作常规而且有效的做法,打击"黑驾培"也需要舆论先行。在制造外部舆论上，各地驾培协会可以统筹资金，统一安排，利用当地媒体大造舆论，晓以利害，广泛宣传。另外，还可以统一制作《告学员书》，组织专门的人员，先礼后兵，到"黑驾培"点发放，让在"黑驾培"学车的学员知道危害性，了解"黑驾培"的非法行为，唤其醒悟。在制造内部舆论上，首先要教育驾校的投资者、经营管理者依法经营，驾校的老板是公司的法人，自身不正何以正人，自身打法律的"擦边球"，如何要求别人奉公守法；其次要讲究商业道德，君子爱财取之有道，要诚信经营走光明大道。

堵死通道，健全法规

打击"黑驾培"必须标本兼治，像打击走私一样，源头、末端都要查、都要打。发现"黑驾培"，扣车、罚款、拆广告牌是治标，让"黑驾培"的学员无处可送，堵住其通道是治本。《机动车驾驶员培训管理规定》第二十八条规定："机动车驾驶员培训机构应当在注册地开展培训业务，不得采取异地培训、恶意压价、欺骗学员等不正当手段开展经营活动，**不得允许社会车辆以其名义开展机动车驾驶员培训经营活动。**"这为打击"黑驾培"治本提供了法律依据，该规定的第六章法律责任中第四十九条指出"违反本规定，机动车驾驶员培训机构不严格按照规定进行培训或者在培训结业证书发放时弄虚作假，有下列情形之一的，由县级以上道路运输管理机构责令改正；拒不改正的，由原许可机关吊销其经营许可。"但令人遗憾的是，该条款所列九项情形之中没有明确把"不得允许社会车辆以其名义开展机动车驾驶员培训经营活动"列入其中。内查驾校比外出打黑简单得多，也容易得多，只要把培训的学员与校内的教练员相对应，明确每位学员的培训教练，就可以查出驾校是否"允许社会车辆以其名义开展机动车驾驶员培训经营活动"，大面积进行弄虚作假是困难的，让"允许社会车辆以其名义开展机动车驾驶员培训经营活动"的驾校停训停考，相信问题就从源头解决了。

协会出面，协助打击

打击"黑驾培"不是个别部门、个别人的事，也不是个别部门、个别人就能解决的。这事关每所驾校的投资人和从业者的合法利益，因此人人有责，一味地埋怨、相互地指责，不仅于事无补，还会影响团结，涣散合力。各地驾培协会应该在打击"黑驾培"中起到核心作用，筹集财力，调动人力、物力，运用各种社会关系统筹布局，有计划有步骤地实施打黑活动。下列工作都可列入议事行动内容：一是教育协会成员严格自律，守法经营，不为"黑驾培"开"绿灯"；二是成立打黑小组，协调各驾校各部门的打黑行动；三是摸底排查"黑驾培"的训练地点、活动规律，为主管部门联合行动提供可靠的情报；四是联系新闻媒体予以报道，形成舆论监督的氛围；五是配合交通、公安等部门的查处行动，出人出车，形成气势；六是采用技术手段，设立电子围栏，让学时记录仪真正发挥作用，彻底打击取缔"跑码机"，让"黑驾培"无法对接培训考试；七是主动出击，发现"黑驾培"一方面报警，要求交通警察查扣非法车辆和处罚无证驾驶人员，一方面打"市长热线"反映"黑驾培"的情况，报警也好，打"市长热线"都会留下记录，有据可查，如果执法部门不作为，出现恶性事故后都可以作为追责的依据。总之，驾培协会有着维护行业合法利益，代表行业发声的责任和义务，在打击"黑驾培"行动中应站在最前线。

联合执法，重拳出击

根据《机动车驾驶员培训管理规定》，申请从事普通机动车驾驶员培训业务的，应当符合下列条件：取得企业法人资格，有健全的培训机构，有必要的教学设施、设备和场地等。该规定第五十二条明确，未经许可擅自从事机动车驾驶员培训业务，道路运输管理机构应责令停止经营；有违法所得的，没收违法所得，并处违法所得2倍以上10倍以下的罚款；没有违法所得或者违法所得不足1万元的，处2万元以上5万元以下的罚款；构成犯罪的，依法追究刑事责任。作为驾培行业的主管部门，打击"黑驾培"的重头戏还需要运管部门唱主角，由运管部门联合公安或城市执法等部门一同行动。河北衡水联合打击"黑驾培"取得了良好的效果。河北衡水"交通秩序大整治专项行动"启动后，运管、公安部门勇于担当，密切配合，着力解决群众反映突出的黑驾校、黑教练车等问题，充分发挥管理驾校的监管责任，重拳整肃驾驶培训市场，进行地毯式清查，不仅打掉了一批"黑驾培"点，对严重者予以行政拘留，而且对21家违规驾校进行停止受理报名业务的处罚，全力推动了驾校的良性管理，把好了防止道路交通事故的第一道防线。与衡水的主动出击不同，焦作打击"黑驾培"的行动则是由网络舆论推动的。2018年4月2日，有人在"焦作政府在线"吐槽，题目是"为什么焦作市的黑驾校这么猖獗?"，之后此文又出现在焦作"天涯社区"上，并以此题直接点名质问现任河南省焦作市委常委、市纪委书记、市监察委员会主任。此文引起了焦作市纪委的重视，由此引发了由焦作市纪委督办，多部门联合查办的机动车驾驶员培训市场专项整治，5月5日，整治工作第一天，焦作市道路运输管理局执法人员就查处了9个非法培训点，查扣非法培训车辆9辆。在之后的多管齐下不断联合出击之下，焦作打击"黑驾培"取得了阶段性成果。打击"黑驾培"需要重拳出击，也需要常打不懈，不能一劳永逸，一次打击就马放南山，刀枪入库，贵在坚持，防止"黑驾培"死灰复燃。

五、打击黑驾培后的意想不到

山东某地级市拥有人口 800 万，50 多所驾校，平均 15 万人一所驾校，远低于全国 8 万人一所驾校的密度。按理说，这里的驾校校长们的幸福指数还是蛮高的，但是由于有一千多个非法培训点的存在，他们没有幸福，只有苦难，驾校招生价格战打到 1700 元左右，挂靠费竞争到七八百元（包含 570 元的考试费与 40 元的体检费用）。

苦难当中，穷则思变，在当地驾培协会的组织下，50 多家驾校校长们经过长时间的酝酿，终于达成了行业自律、不打价格战的公约，制订了抱团取暖、自我救赎、联合打击"黑驾培"的绝地反击计划，并开展了声势浩大的打击"黑驾培"的活动。由当地驾培协会牵头，国土执法部门打头阵，带着宣传车、铲车对乡镇非法驾驶培训点进行围剿，发现一处打击一处，在取证之后，通知运管部门查扣非法培训的车辆，国土执法部门清除非法培训点的建筑，在连续的打击中，端掉了许多非法培训点的老巢。

然而，当地政府重拳出击以后，"黑驾培"并没有彻底溃败，而是避其锋芒，暂时偃旗息鼓，由过去明目张胆地公开培训转入地下或半地下状态，采取了以时间换空间的战术，由过去的各自为战变为抱团应对，经过一段时间的蛰伏以后，逐渐开始试探性地反击。在反击中，黑驾培也逐渐形成了套路，他们一方面控制生源，误导要报名的学员，说现在正在进行学时对接、预约学车的改革，设备正在调试，不能录入，过一段时间再说；另一方面把散落在各个"黑驾培"手中的学员汇总起来引诱驾校，甚至采用离间之计选择薄弱环节予以突破。他们选派人员到驾校里游说，声称手里有多少个学员，价格可以商量，你不接别人也会接。到另一个驾校，他又会加大学员的数量引诱驾校校长，说："你和别的老板不一样，实在仗义，我才先跟你说，某某驾校收的多少钱，一样的钱，我送给你，过了这个村就没有这个店了。"

终于有驾校的"篱笆桩"被撬开，不知是黑驾培说客的"撬功"厉害，还是这个"篱笆桩"本身就已腐烂，总之，驾校自律的"堤坝"有了缺口。俗话说得好："千里之堤，溃于蚁穴。"为了扎紧篱笆、堵住蚁穴，不让打黑成果前功尽弃，当地驾培协会开始了更大规模的"护堤"行动。几十名驾校校长带领近百人，直奔"决口"处，堵住大门，抓了现行——违规招生非法培训点的学员、社会的车辆在驾校的场地上训练，超范围经营大型车辆培训，违反自律承诺低价招生……参与行动的校长们即刻向市、区运管部门反映情况，请求立刻到场，予以查处……

经此一事，驾校之间刚刚建立起来尚很脆弱的自律局面面临崩溃，驾培市场的混乱局面将会继续加剧。

打击"黑驾培"、整顿驾培市场，需要驾校投资人经营者的觉醒与自律，更需要行业主管部门勇于担当、敢于作为，在打击与整顿中，考验着的不仅仅是驾校老板们的团结与信用、毅力与耐力，也考验着行业管理者的理念、水平与态度。

六、扫除黑驾培后的驾培市场如何发展

当"黑驾培"这个外敌入侵，并占据了驾培市场的"大好河山"，使得驾校"端着金饭碗要饭吃"的时候，驾校终于觉醒了，人心凝聚起来，枪口一致对外，驾校之间的矛盾暂时被掩盖起来，假若艰苦地打击

"黑驾培"的战役取得圆满胜利，驾校内部的矛盾还会爆发出来。

过去的价格战是"挂靠费"之战，驾校借口是被"黑驾培"牵了"牛鼻子"，学员货比三家，你不降价他就走人，逼着我降，降价的坏人是"黑驾培"。当"黑驾培"扫除了，驾校的价格是否就稳定了呢？其实，驾校降价的理由还存在，驾校直接面对学员时，学员更会货比三家，如果驾校没有差异化经营，没有核心竞争力，为了留住学员还会降价。

有的地区挂靠经营的现象很普遍，虽然没有"黑驾培"，但价格战依然打得惨不忍睹；有的地区没有挂靠，也没有"黑驾培"，价格战仍然打得天昏地暗，这是什么原因？这又说明了什么？

《定价圣经》的作者赫尔曼·西蒙对价格战有一番独特的看法："在市场上既有明智的企业，也有自毁式的企业。区别何在？明智的企业懂得规避价格战，而自毁式的企业则会深陷价格战的泥沼。而且，只需一个自毁式竞争对手就能导致整个行业的自我毁灭。"赫尔曼·西蒙给了我们避免价格战的两点启示：其一，要做明智的企业，避开价格战。国内驾培市场上不乏这样明智的企业，他们花大心血、下大力气打造职业化的员工队伍，进行科学化的管理，走差异化经营之路，价格岿然不动，成为当地驾培市场的定海神针；其二，给自毁式的企业套上自律的笼头。没有行业的自律，就没有行业的发展，挖别人墙脚的人，自己迟早会没有房子住。

中国驾培市场已经进入了重新洗牌的临界点，这个临界点是许多传统驾校的痛点，却也是许多创新驾校的新起点。传统驾校必须要以归零的心态再次踏上征程，早日觉醒。如果在原有轨迹上拼命挣扎，坚持越久，命运会更惨。

第七章

网络风暴

驾校转型启示录

一、"互联网＋驾培"的兴起与冲击

互联网的本质就是连接，百度连接了人和信息，阿里巴巴连接了人和商品，腾讯连接了人和人。这就是三巨头成为中国互联网的"三座大山"、市值和产业控制力遥遥领先群雄的核心原因。O2O 是互联网的第四次浪潮，旨在连接"人和（本地）服务"，将会产生千亿美元级别的机会，于是群雄并起，疯狂圈地。

作为行业细分市场出行的"滴滴出行"让乘客与出租车司机直接连接起来。"美团""饿了么"让食客与大厨及饭店连接起来。滴滴解决了全国人民打车难的问题，美团等解决了上班族快节奏工作中的午餐问题。这两家的示范效应，使众多互联网英雄豪杰发现了另外一片细分市场蓝海——请全国人民学车。

"互联网＋"行动的深入开展，给传统的驾培行业带来巨大挑战。2015 年 8 月 13 日，"互联网＋驾培"行业创新发展论坛在北京召开，来自公安、交通、互联网、投资、教育、传媒等部门和领域的专家，以及全国各地驾培行业人员 200 余人汇聚一堂，共商"互联网＋"背景下驾培行业的创新与发展。

2015年12月10日，国务院办公厅转发公安部、交通运输部《关于推进机动车驾驶人培训考试制度改革意见》的通知，明确指出将实行计时培训、计时收费、先学后付等措施。2016年年初，大批资本、人才根据政策风向纷纷涌入驾培行业，依托互联网信息技术，借鉴滴滴出行的商业模式，打造了一批具有在线预约、计时收费等功能的互联网学车平台，以期能够实现互联网与驾培行业的整合，优化产能、更新业务体系、重构商业模式，实现行业的经济转型和升级，"互联网+驾培"一时间成为热点，引无数英雄竞折腰。

2015年以来，学车应用程序（App）大战拉开了序幕，各路英雄纷纷跑马圈地。哈哈e率先登场，利用直考制造危机意识，引导市场，通过出售代理权回收投资。跟进者有的利用协会或主管部门营销，先在当地运行，站住脚跟再图向外发展。有的还引进了战略合作者。除了老牌的1039和军博软件之外，众多的互联网学车平台新秀相继诞生：山东的哈哈e学车，安徽的嘻哈学车和速考通，湖北的帮帮学车和点e点学车，四川的驾萌，北京的呱呱学车，广东的"猪兼强"、车厘子、YY学车，福建的车小二，河北的驾天下……自2011年以来，我国每年大约都有2000多万人学车，每年产生600多亿元的产值。谁会成为这600亿元的市场霸主？

2015年年初，有个叫"猪兼强"的四不像驾校出现在广州，大家的感觉是怪怪的，不仅名字怪，行为也怪，与传统的驾校大相径庭，于是大家议论纷纷：有的说它是互联网驾校，有的说它不是互联网驾校；有的说它不靠谱，有的说它很靠谱；有的说它不合规不合法，有的说它符合规则；有的说它是秋后的蚂蚱——蹦跶不了几天，有的说它是"猪坚强"——特别有生命力；有的说它是一帮"秀才造反，三年不成"的"学生娃"，有的说它是高学历、高智商、高效率的"三高"团队。议论之后，大部分驾校并不看好这个"猪兼强"，没有将之当作对手，仅仅看成是那种"互联网+驾校"热潮中一个来去匆匆的过客。

斗转星移，仅在一年多后，广州驾培圈的人对"猪兼强"不再是侧目而视了，而是怒目圆睁了。这个"猪兼强"真的很坚强，不仅来势凶猛，而且各种套路完全反传统，一年多就把广州驾培市场掀了个底朝天。它没有申办驾校，没有整体收购驾校，却悄悄地收购了大量教练车，收购了许多训练场，仅在广州就拥有了17家直营店，它没有完整属于自己的驾校，但它又实际控制了若干驾校。在以挂靠经营为主的广州驾培市场，"猪兼强"把教练员与教练车的产权与管理权剥离，把招生与培训剥离，把教练员变成"流水线"上的产业工人，并把教练员"劳务外包"。它建立了网络招生、预约学车平台，一亮相就恶狠狠地打了一次价格战，把学车价格从8000多元一下子拉低到5680元，这一切让广州传统的驾校防不胜防。更让人感觉到恐怖的还有"猪兼强"铺天盖地的车体和楼宇电梯广告，以及少则200人多则400人的专职、兼职招生"地推"大军。

2017年在"3·15"之前，重庆120多家驾校共同发出《"3·15"严正声明》，表示与互联网学车平台不存在任何合作关系，并拒绝来自互联网学车平台的学员入学、训练或使用场地。该声明表明其与目前重庆驾培市场互联网学车平台，如好梦学车、嘿快、小开学车等并非合作关系，呼吁用户不要轻信其虚假宣传，避免影响学车，甚至上当受骗。在3月13日某场驾培座谈会中，众驾校校长纷纷提出，互联网学车（招生）平台，出现很多不良现象，扰乱行业。主要体现在以下三方面：一是互联网学车平台宣传有很多合作驾校、场地和教练，可就近学车，学员报名后才发现不是网上看到的场地；二是互联网招生平台无驾校资质，招生收费属于违法；三是互联网驾校低价招生后，再低价分到所谓合作驾校进行培训，质量难保障。传统驾校的这份声明和驾校校长在座谈会的发言中，我们不难看出，联合抵制互联网学车平台完全是因为重庆驾培市场竞争十分激烈。重庆主城区有175家驾校，每年约有40万学车人群，僧多粥少，驾校竞争白热化，部分驾校生存艰难。而互联网学车平台的切入，让一些劣质传统驾校生存更是雪上加霜。

无论是广州、重庆，还是其他城市，重金投入驾培市场的互联网公司闪亮登场后，大多没有在市场中占据一席之地，没有领略"滴滴"在出租车市场、"美团"在餐饮市场上的风光，也没有实现它们的战略目标，它们仍在艰难跋涉，甚至处在进退两难的境地。进，还要继续砸钱且看不到曙光；退，投资无回报前功尽弃。

在互联网行业，有个著名的"721"法则，即老大吃肉，占据70%左右的份额，老二喝汤，占据20%左右的份额，其他人加起来吃残渣，占10%左右的份额，最后领先者将成为大赢家，攫取大部分的超额利润。

黑格尔有句名言："历史往往重复两次，第一次是喜剧，第二次是悲剧。"O2O创造了神话，制造了超级大富翁；O2O也导致灾难，让许多狂热的投资者血本无归。O2O中连接了乘客和出租车司机的"滴滴"和连接了食客和大厨的"美团"已在竞争中胜出，成为各自领域的"老大"。立志解决"学车难问题"的各路英雄豪杰谁主沉浮，尚不得而知。如今，驾培市场O2O寒冬将至，众多豪情万丈的"互联网+驾培"公司是血拼到底，还是急流勇退，可能悲剧要多于喜剧。

二、"互联网+驾培"给市场带来了哪些便利

正像互联网早已走入人们的生活、改变人们的生活一样，互联网也走进了驾培、改变着驾培。在机动车驾驶培训的过程中，学员可以在网

上学习理论、网上选择驾校、网上报名培训、网上预约考试、网上付费，自由选择教练员、班型、学习内容、学习课程、培训时间、考试时间以及其他贴心服务。这些在广大城市甚至偏远的农村都已实现和正在实现。"互联网+驾培"给驾培界带来的变化是巨大而长远的，目前已经带来并有切身感受的便利不止下列三项：

理论学习上的便利

有"互联网+驾培"之前，驾校学员的理论学习有两种方式，一是自学，自己在家里看考试辅导书，或者在自己的计算机上做题；二是到驾校微机室做题，或者听驾校理论老师的辅导。互联网+驾培之后，出现时间较早的互联网驾培平台在诞生时都是以工具型为主，有了手机端的理论学习App，主要为学员提供科目一、科目四等相关题库练习和培训，这给学员学习科目一、科目四提供了极大的方便，这其中以"驾考宝典"为代表。2018年冬天，我在新疆石河子一所驾校做调研，在一次20多人的学员座谈会上，现场采取举手的方式进行了十几个问题的调查，其中"通过驾考宝典进行理论学习的"，在场的学员全部举了手。

时间上的便利

有"互联网+驾培"之前，大部分的驾校几乎都没有预约班。某些大城市的个别驾校虽有预约班，但方式也很落后，大多是电话预约，个别先进的驾校有计算机预约系统，但也很不方便。在那个时期，绝大部分驾校的学车模式是"人等车"，多人一车，轮流练习，耗时长，练得少，这对于时间紧张的职业人士很不方便。有了互联网的学车平台以后，情况大为改观，学员可以随时随地地选择某天某时进行一对一的练车，节省了时间，保障了效果，深受职业人士的欢迎。

驾校与教练员选择上的便利

学车选一个适合自己的教练是每位学员的心愿，有的通过已学车的亲朋好友的介绍选择教练，可是这位教练适合你的亲朋好友，却不一定适合你；更多的学员是驾校分配教练员，学员没有选择权，有种撞大运的感觉。有了互联网学车平台之后，这种情况就彻底改变了，教练员的基本情况在这些互联网学车平台上一目了然，教练员长什么样，多大岁数，合格率是多少，甚至爱好特长、星座血型都有介绍，学员完全可以按着自己的喜好选择教练员。另外，这些互联网平台大多导入淘宝的考评机制，学员的评价是教练员收入考评的主要因素之一，这种评价机制可推广到驾校的整体评价上，互联网学车平台根据数据来确定驾校的星级评定，使整个驾培市场公开透明，这就解决了客户体验问题。更方便的是，学员不用跟着一个教练员学到底，学员不认同这个教练员，下次就可以选别的教练员，学员选择权在手，一切不再受制于人。

"互联网＋驾培"之后给学员带来的便利还有很多，比如报名上的便利、约考上的方便、缴费上的便利，这一切都是互联网时代的红利，传统驾校如不拥抱互联网会离学员越来越远！

三、互联网驾校与传统驾校的区别

在有"互联网＋驾培"之前，对驾校的划分，按投资主体划分为民营驾校、国有驾校、混合制驾校；按投资规模划分为一级驾校、二级驾校、三级驾校。"互联网＋驾培"之后，驾校的划分又多了一项——互联网驾校与传统驾校。互联网驾校在影响改变传统驾校，传统驾校在借助互联网的工具与手段升级转型，两者虽然在不断地融合，你中有我，我中有你，未来在深度融合之后，双方的基因都会发生变化，但目前还是有着明显的区别的。主要表现在以下四个方面：

区别之一：对市场现状与前景的看法不一样。 面对不断增多的驾校数量，不断下滑的招生价格，不断提升的培训成本，不断出台的驾考政策，传统驾校与互联网驾校的认识大相径庭。传统驾校把今日的驾培市场看作"苦菜花"，当作"明日黄花"，认为驾培市场已经风光不再，前途堪忧，是食之无味、弃之可惜的"鸡肋"；互联网驾校把当今的驾培市场看作"向阳花"，认为是消费投资洼地，是为数不多的大有可为的蓝海，尤其是在驾校准入门槛放低、许多传统驾校经营困难举步维艰之时，正是进入的大好时机。传统驾校与互联网驾校对驾培市场的看法如同到非洲卖鞋的两个推销员，一个很悲观，一个很乐观。悲观者在暮气沉沉地抱怨，乐观者像上足了发条的钟表在夜以继日地奔走。

区别之二：经营管理模式不一样。 传统驾校一般是一校一址，立足扎根于一座城市，做强做大后，再向周边拓展，但都是独立经营管理。互联网驾校采取跨驾校、跨地区合作经营模式，在一个城市有多个直营店，在多个城市开花。2015年创立于北京的"趣学车"采用了三种经营模式，第一种模式是与驾校直接合作，驾校委派自己的直营教练员与他们进行合作；第二种模式是与挂靠教练员直接合作，挂靠教练员按照"趣学车"的教学标准进行训练与服务；第三种模式是"校中校"模式，由"趣学车"承包驾校的训练车，由"趣学车"的教练员培训学员。杭州的"1217"学车也基本是采用这种模式，目前在全国范围内已拥有532名教练员，107处培训场地。

区别之三：市场开发方式与力度不一样。 与传统驾校相比较，互联网驾校的招生优势在于网络招生，这些互联网驾校都有自己开发的App，他们把"得客户手机屏幕者得天下"奉为营销经典,"1217"学车的创始人庄建宏十多年前就创立了泉州、福州、厦门、宁波驾校网及全国性驾培行业门户网站——学车啦,有着丰富的网络招生的经验。在学习传统驾校的营销方式中,互联网驾校所表现出的力度令人惊叹,甚至不敢想象。南方有家互联网驾校在成长阶段就舍得在硬广告"烧钱",敢于"砸钱",铺天盖地的车体广告、楼宇电视广告让传统驾校望尘莫及。目前,大部分传统驾校还没有成立市场部或招生办,没有专职的品牌策划、大客户的开发人员,与之相比,互联网驾校市场部门不仅分工明确,而且人员众多,有的在一个城市就有几百人的"地推大军"。

区别之四:资金来源与发展节奏不一样。传统驾校资金来源于投资者的积累,自掏腰包,往往是稳扎稳打滚雪球式的发展,起步低,资金少,通过漫长地发展、不断地积累,才实现质变。互联网企业的吸金能力令人惊叹,由于互联网驾校资金来源于风投,为了"站在风口"上,互联网驾校舍得砸钱换速度、换空间,追求的是膨胀式、跨越式发展。2016年4月12日,互联网车生活平台"车轮"B+C轮获5.5亿元融资,估值24亿元,可谓"车轮滚滚"拉着重金砸向驾培市场。

互联网驾校的确有它的优势,但也不是只要"互联网+"就一俊遮百丑了,就所向披靡了。任何事情都有两面性,即使是优点,如果不善加利用,或者滥用,就会陷入优点的自我陶醉之中,变得盲目自大,那时曾经最为依赖的优点,往往就成了致命的弱点。在对互联网驾校的考察中,我也感觉到了它们在快速发展中也存有明显的薄弱环节,如不能有效克服,也许这些薄弱环节会成为致命的"短板"。

短板之一:核心领导层结构不优化。企业经营都在避免同质化,追求差异化,饭店是这样,驾校也是这样。一个有竞争力的组织领导结构同样也要避免同质化,也要追求差异化,即在知识结构、出身经历、年龄等方面要有所不同，这样才能形成互补。"互联网 + 驾培"公司的领导层大多是年轻化，知识化的"知本青年"，他们的价值观、思维与工作模式趋同一致，"互联网 + 驾培"公司干部结构的优点是非"传统"，缺点是太非"传统"。

短板之二：后备干部储备不足。"互联网 + 驾培"公司发展的速度是传统驾校不可想象的，传统驾校从一到二，可能要几年甚至是十几年的人才、管理和资金的积累，其发展是滚雪球的过程。而互联网驾校的发展追求的是裂变，是快速占领市场，形成巨大的流量。不迅速做大，做成第一，就没有后续的风头资金跟进，就会从天空重重地摔下来，就将一无所有；不迅速地做大，做成第一，可能就会被后来者超越，就像狼群的狼王和猴群的猴王一样，一旦被挑战者战胜，就会被驱逐，地位就会一落千丈。"互联网 + 驾培"公司在不断地吹响冲锋号，发起攻城略地的市场攻坚战，它要让风险投资者看到成果，然而懂培训、懂客服、会管理的干部必然青黄不接，正如富兰克林·罗斯福所说："你一心想领导人们前进，回头一看，跟着的人却一个都没有，真可怕。"

短板之三：对线下人员的控制力薄弱。北京东方时尚驾校总经理闫文辉专门撰文论述："特别是驾培行业这种依赖人对人服务的特殊行业，单纯依赖'互联网+'是不可行的。在没有实体驾培基础的情况下，妄谈通过网上培训培养出合格的驾驶员，无异于天方夜谭。没有教练员手把手教的实际练习，是培养不出合格驾驶员的。这和培养运动员一样，没有郎平手把手的教导，依靠网上教学，绝对培养不出能拿世界冠军的运动员来。在现阶段看，如果没有坚实有序的驾校体系，保障学员受到严格的教练培训，'互联网+'只能促使培训行业野蛮生长，其结果是，输出大量不合格驾驶员，给我国交通安全带来更大危害。"

在大众创业、万众创新的今天，互联网 + 已经渗透到几乎所有行业，驾培行业也不可避免地面临严重挑战，互联网对驾培行业的"颠覆"已经成为笑话，但拥抱互联网是每所传统驾校不可或缺的功课。

四、互联网驾校与传统驾校正在实现攻守转换

"互联网+驾培"的本质是以互联网为主导，从而建立起全新的一套系统取代传统驾校，就像淘宝取代实体店、滴滴取代出租车一样，它是革命性的冲击，对传统驾校是摧毁式的。互联网驾校的本质是在传统驾校的基础上，直接插上互联网的翅膀，让它们去飞翔，互联网是用来改进传统驾校的，是一场温和的创新与变革。

北京大学教授、经济学家何帆是这样描述互联网大军的："互联网大军就好像当年来自中亚的游牧民族，兵强马壮，来去如风，让人闻风丧胆，他们谈笑间战胜了传统的批发零售业，不动声色地击破了垄断的出租车行业，长驱直入杀进水草丰美的金融行业，返程的时候顺手灭掉了已经没落的新闻出版行业。在互联网大军的攻势下，传统行业的护城河形同虚设。"互联网进入驾培行业如同进入出租、餐饮行业一样，都是闪亮高调进入的，因为它们不会低调，低调了就引不起社会的注意，就吸不了"粉"。

互联网大军也是高举"颠覆"的旗帜进入驾培市场的，几乎每一个"互联网+驾培"的App在文宣上都大肆鼓吹它们能解决传统驾校的种种"痛点"，不仅可以解决"人等车、学员由驾校分配给教练、学习不满意仍需缴费"这些管理中的问题，还能够解决"教练吃拿卡要、工资、地位低"这些痼疾，更能解决"驾校招生难、成本高、资产风险大"的问题。他们毫不避讳地说："我们有意用'互联网+驾培'从根本上来改造整个驾培行业，颠覆过去的驾培管理模式。"但是，结果却

大相径庭。时间是最好的裁判,实践是检验真理的唯一标准。几年过后,回头看这些"互联网+驾培"大军,不仅没有颠覆整个驾培市场,甚至连自己仅剩的一城一池也在忙于修护城河。

在互联网企业进入驾培行业腹地经过一番拼搏之后,它们发现赖以颠覆、改造传统驾培市场的"利器"原来是有局限性的。互联网驾校的利器一是数据、二是营销、三是资本,但是它们疏于对培训流程的控制,弱于对线下的控制。它们终于发现通过一个App既提高不了教练员的综合素质,也构建不了严密的质量控制体系和完善的学员服务体系。

《南方都市报》2016年9月20日以"遭学员集体投诉!"为题对某互联网驾校进行了长篇报道,报道中披露:"某互联网驾培平台,虚假宣传、违反合同,当初承诺4~6个月拿证,全程专员服务,随时可以预约一对一练车,但目前不少学员报名已超4个月尚未办理注册入学籍,甚至在这期间遭遇销售业务员离职的情况,导致学员只能通过网上客服督促办理进度,由此引发大量投诉和退学潮。"这家欲解决行业痛点的互联网企业,处于风口浪尖,陷入一场信任危机中。

互联网企业是进攻型的,但它们的战斗力往往被高估了;传统制造业和服务业是防守型的,它们抵抗能力往往又被低估了。之前,进攻型的互联网驾校占尽上风,而如今,攻守之势发生了变化,传统行业的抵抗力更加顽强,驾培行业尤其如此。以广州为例,"互联网+驾培"出现之前,在全国一、二线城市中,广州驾培市场的从业者们是幸福指数比较高的,驾校数量不多,不到80所;学车人数不少,甚至每年都向周边地区和外省大量流失;学车价格不低,8000~10000元以上拿个驾照是正常消费;经营管理水平不高,经营靠挂靠,招生靠门店。在前赴后继、一波又一波"互联网+驾培"的冲击下,传统驾校才真正感到了危机。于是,这些传统驾校的老兵,穿上了新的军装,改变了作战方式,在悄悄地积蓄力量后，已经开始了绝地反击。有的驾校逐渐地把挂靠变为直营，把"招商"变为招生，真正有效地控制了企业；有的驾校开始了连锁化步伐，通过兼并组合成驾培集团，实现集约化经营；有的驾校学习了互联网驾校的优点，在网络招生和集团客户开发上不断尝试，并逐渐得心应手。

与此形成反差的是，当年气势汹汹、舍我其谁的互联网驾校，没有一鼓作气，而是再而衰三而竭，步步退守，全无"弯弓射大雕"的英雄气概。驾培市场给了互联网一次机会，但在机会面前不能犯机会主义，要有战略耐性，在风口上的猪只能风光一时，不能风光一世。

互联网驾校与传统驾校的攻守转换仍在不同的城市上演，融合将是未来的主基调，这其中不仅有互联网驾校与传统驾校的融合，更有"互联网＋驾培"相互的融合，君不见"优酷"和"土豆"的合并、"滴滴"和"快的"的合并、"美团"和"大众点评"的合并、"去哪儿"和"携程"的合并，这些平台从对立走向统一，看似不可能的整合，其实都在昭示着中国互联网走向大统一是迟早的事。未来的结果如何？只能交给未来去评判。

第八章

连锁步伐

一、直营连锁：出师不利，正在徘徊不前

服务行业的连锁化由来已久，最早可以追溯到 1895 年美国的一家茶叶经销公司。酒店行业在连锁化，从高端的"香格里拉"到普通的"如家"；餐饮行业在连锁化从历史的"全聚德"到现代的"海底捞"。在驾培市场竞争激烈重新洗牌的今天，那些有实力有想法的驾校，是否可以实现连锁化经营呢？回答是肯定的，不用质疑。连锁经营作为一种商业组织形式和经营制度，是指经营同类商品或服务的若干个企业，以一定的形式组成一个联合体，在整体规划下进行专业化分工，并在分工基础上实施集中化管理，把独立的经营活动组合成整体的规模经营，从而实现规模效益。连锁的方式分为直营连锁、自愿连锁和特许连锁三种方式，在驾培市场的连锁步伐中，这三种方式有的已经出现，有的已露端倪。

所谓直营连锁是指总部通过独资、控股或兼并等途径开设分支机构发展壮大的一种连锁形式，特点是在总部直接控制下，统一经营、利益独享、风险独担的一种高度统一的商业经营形式，是真金白银硬资产投入扩张的方式。我国驾培市场上最先出现的连锁方式是直营连锁，以一南一北的一乘驾校和东方时尚驾校为代表。

在 2015 年的年底和 2016 年的年初，仅仅相差两个多月的时间，有两支驾校的股票上市了，一支是云南一乘驾驶培训股份有限公司（以下简称一乘驾校）正式通过中小企业股份转让系统（"新三板"）挂牌审核，一支是东方时尚驾驶学校股份有限公司（以下简称东方时尚）在沪市上市，这两个公司都称自己是"驾培行业第一股"。究竟谁是"第一股"，作为局外人没有太多的兴趣讨论，客观上讲，从上市的时间上，一乘驾校在前，东方时尚在后，从规模资产和影响力上，东方时尚大于一乘驾校。作为业内人士，我们更关心的是这两所驾校上市之后的运作情况，它们连锁化的步伐向哪个方向迈进？结果如何？会给中国驾培市场带来哪些冲击和改变？

上市之后，两家公司以其品牌优势、管理优势、资金优势开始跑马圈地快速扩张。东方时尚通过自建和并购先后在河北、云南、山东、内蒙古、湖北、重庆等地设立分支；一乘驾校则把"势力范围"限制在云南境内，先是在昆明市内的东南西北中方位建校，之后扩展到曲靖、红河等地。两家上市公司摊子越铺越大，而效益却与规模背道而驰。

2018 年岁末，《长江商报》记者报道：东方时尚异地扩张受阻，净利润三连降，10 家子公司中 8 家亏损。文中披露：顶着"驾校第一股"光环的东方时尚经营业绩缺乏亮色，2018 年上半年，8 家承载异地市场运营的子公司中，仅湖北荆州一家子公司盈利 570.08 万元，其余 7 家子公司全部亏损。亏损最多的是石家庄东方时尚驾校，上半年亏损 2962.65 万元，其次是云南东方时尚驾校，也亏损近 2000 万元。

云南一乘驾校的情况似乎也不乐观。据 2018 年 12 月 7 日《每日经济新闻》记者报道：2015 年挂牌新三板后，一乘股份的业绩连续在 2016 年与 2017 年出现亏损。除业绩低迷外，一乘股份的负债率较挂牌前已大幅攀升，债务高企。一乘股份 2018 年 10 月后将会泽一乘、师宗一乘、禄劝一乘、禄劝乘宇、宜良一乘、宜良乘宇以及宣威一乘股权全部转让。近几年,在云南省内扩张一直是一乘股份经营的重点。出售处置子公司资产,可谓一乘股份在行业"寒冬"中的"断腕"之举。

两家上市公司驾校为什么会在连锁化的道路上出师不利呢?两家公司都有雄厚的资金实力、强大的社会关系、完善的管理体系作为支撑,为何随着连锁化步伐的加快,经营情况却呈现反比例的下滑呢?两所上市驾校对此各有各的解释,但笔者认为问题出在两个方面:

一是时机的问题,生不逢时。2015年11月30日,国务院办公厅下发了《关于推进机动车驾驶人培训考试制度改革意见的通知》(国办发〔2015〕88号文件),文件确定:"进一步开放驾驶培训市场。严格按照国家相关法律法规实施驾驶培训机构准入许可制度。对符合法定条件的申请人,道路运输管理机构不得以任何理由拖延或者禁止准入,不得增设任何额外条件。"文件贯彻实施之后,驾培市场最大的变化就是驾校数量迅速增长,由此导致培训能力严重过剩、价格大幅下滑、恶性竞争加剧。而在此背景下两家上市公司驾校开始大规模扩张,正是"千载难逢"的坏时机。早几年——先声夺人抢占制高点,晚几年——混乱过后重整山河,然而最不好的时机让这两所驾校赶上了,"时不利兮骓不逝",时运不济,即使你"力拔山兮气盖世",也无可奈何,人算不如天算啊!

二是模式的问题,投入过大。北京东方时尚驾校远离市区,位于大兴区黄村镇,在北京坐一个多小时的车到驾校训练一个小时,然后再坐车一个多小时回家,这是很正常的事,大家都坦然接受,但是换了一个城市,花这么长的时间、跑这么远的路去学车,大家就不一定接受,就近学车一直以来都是大家的一个选项。东方时尚直营连锁所建的驾校大都是有几百亩考训一体的一级驾校,有这么大的土地,一定远离城市中心区。另外，国内99%的驾校土地都是租赁的，而这两所上市公司驾校的土地大都是出让的商业或建设用地，其投入和成本远大于其他驾校，因此在价格战中自然不占优势。

其实，这种危机意识，他们在上市之初就强烈地感觉到了。云南一乘驾校挂牌上市后，"一乘人"在经历了短暂的喜悦庆祝之后，没有沾沾自喜。时任党委书记刘升富说："有句老话叫'居安思危'，我们驾培行业、我们一乘驾校'安'何在？'安'在哪里？我看不到'安'，我们没有'安'，我们要居'危'思危。"孟子说得好："生于忧患，死于安乐。"于是，一乘驾校组织了建校以来第一次全体干部的脱产学习，进行形势教育，提出了"千斤重担众人挑，人人身上有指标"的口号，各部门纷纷制定面对危机迎接挑战的工作计划，上市之后，他们是在居"危"思危的气氛中迎接新的一年到来的。

二、自愿连锁：出师未捷，仍在奋力前行

所谓自愿连锁是企业之间为了共同利益结合而成的事业合作体，各成员是独立法人，具有较高的自主权，只是在部分业务范围内合作经营，已达到共享规模效益的目的。驾培市场上出现的大部分"互联网+驾培"，所追求的就是这种连锁方式。进入驾培行业的互联网公司，他们没有训练场，没有教练车，没有教练员，也没有打算和准备投入这些机动车驾驶培训不可缺少的设施与人员，他们有的是App，他们设想的是大旗一举，振臂一挥，千千万万个有培训条件和能力的教练员自愿加盟到自己的麾下，就像那首《达坂城的姑娘》唱得一样"带着你的嫁妆，带着你的妹妹，赶着那马车来。"可是事与愿违，App出来了，自愿加盟

驾校转型启示录

的寥寥无几。于是,这些"互联网驾培自愿连锁"出现了三种命运:

第一种命运:"出师未捷"牺牲了一大批。陕西、河北、安徽有几个早年做实体驾校的老板,当年挣了不少钱,后来有的是主动,有的是被动进入"互联网+驾培"的罗网,做了几年的系统开发,产品还没正式进入市场,几千万的投资已经打了水漂,最终囊中羞涩,无力再走下去了。

第二种命运:冲入疆场战死了一批。加盟是要烧钱的,就像当年滴滴打车的加盟者一样,总部不仅给你提供顾客,还给你提供补助。然而,坚持到投入市场的"互联网+驾培"平台,没有"滴滴打车"那样的市场号召力和财力,加盟的只是少量的"散兵游勇",烧钱烧不起,没有流量,就会日渐萎缩,艰难地坚持一段时间,弹尽粮绝,不是血流而死,就是一步三回头地撤离战场。2018年春节过后,有一个投资"互联网+驾培"平台的驾校老板,正处在进退两难的境地,问我怎么办?我详细了解了情况后,告诉他:一、你没有资金优势(在传统驾校里,你是"富人",在互联网公司里,你是"穷人");二、你没有技术优势(软件开发者都是临时拼凑的"草台班子");三、你没有市场推广优势,你最好的选择就是紧急制动——刹车。如果你的火车行驶在错误的轨道上,那么你所到达的每一个车站都是错误的。"互联网驾培自愿连锁"的这出戏不是传统驾校能唱好的。

第三种命运:"黄雀在后"奋力向前还有一批。现在在驾培市场上仍然"坚挺"的或者仍在奋力向前的"互联网+驾培"公司,除了一些已经变种与传统驾校融合的外,已经为数不多了,像"车轮""驾校一点通"是其中的突出代表,他们各有各的优势,仍然处在活跃的生存状态。2015年2月27日,58同城全资收购"驾校一点通",其用意就是着力完善汽车后服务市场O2O全链条,几年过后,他们等待时机,引而不发,但其爆发力不容小觑。"车轮"(上海易点时空网络有限公司)于2012年创立于上海,是专注于汽车生活服务领域的移动互联网公司,为全国车主提供违章查询、汽车资讯、车友社交、新车购买、二手车买卖、汽车金融、汽车保养等全系列的汽车服务,涉及用车前和用车后的全产业链,后进入驾培领域,提供线上一站式学车工具。车轮联合创始人黄涛在一次会议中介绍到:车轮的业务覆盖了前市场到后市场的全汽车链,累计下载安装用户(涵盖学车用车人群)超过2亿。发起成立的针对机动车驾驶培训机构、教练员的学习社群——车轮学院,开展了"创赢互联 驾培骨干特训营"全国巡讲活动。

驾培市场上自愿连锁的这种形式虽然还未出现过成功的案例,但仍不乏前赴后继的探索者,只要"火种"在,就有希望。自愿连锁在未来的驾培市场上还有一个变种——捆绑上市。这必然要有个"带头大哥","带头大哥"不仅要有足够的品牌号召力,还要有统一的文化和核心竞争力。这个"带头大哥"可能是"互联网+驾培"的平台,也可能是传统驾校中后来居上的佼佼者。这种方式已经有论坛在研讨,也有人已在秘密地串联行动了。

三、特许连锁:初露端倪,有待时间检验

所谓特许连锁是总部与加盟店之间依靠契约结合起来的一种形式,即由拥有技术和管理经验的总部,指导传授加盟店各项经营的技术经验,并收取一定比例的权利金及指导费,此种契约关系即特许加盟。特许加盟总部必须拥有一套完整有效的运作技术优势,从而转移指导,让加盟店能很快地运作,同时从中获取利益,加盟网络才能日益壮大。因此,经营技术如何传承,则是特许经营的关键所在。风靡全球的肯德基、麦

驾校转型启示录

当劳就是这种模式。特许连锁与直营连锁相比，最大好处是能实现低成本扩张，没有资金上的投资风险。

以笔者的理解，特许连锁有两种情况：一是我认为我的产品或服务模式好，我推广号召大家来加盟我，给我交钱；二是大家都知道我，都认为我好，都一窝蜂地抢着争着加盟，比如经销茅台酒。

2017年8月17日，云南一乘驾校主办了"智能教学标准化特许经营项目启动会"。据参加会议的记者透露：一乘特许经营项目在连锁化经营、精细化教学方面都取得了突破性进展。60余册驾校特许经营标准化手册，从驾校选址、建校，办学多方面进行了精细化描述，一乘也开创性地再获两项第一殊荣，即第一个全国性开放驾培加盟业务的驾校，第一个获得商务部特许加盟资质的驾校。在祝贺一乘驾校获得两项第一的同时，大家更关心的是加盟情况如何？加盟后效果如何？是不是昙花一现？这些情况媒体上没有后续的报道，笔者也不好妄加评论。

在中国驾培市场改革转型的大潮中，各类人物和各类模式也不断诞生涌现。在未来的驾培市场上，无论是全国性的连锁化驾校，还是区域化的连锁驾校，现在已经出现，今后还将出现，是成功还是失败，是喜剧还是悲剧，有待时间检验。

2019年10月24日"向中国际"（01871）在香港交易所成功上市。"向中国际"以河南驻马店通泰驾校为主体，它的上市不仅标志着"香港驾校第一股"的正式诞生，还标志着中国驾校在走向资本市场的道路上实现了多元化。大驾校借助资本市场的连锁化，中型驾校追求特色的差异化，小驾校抱团取暖的联合化，在驾培市场洗牌转型的过程中，这些趋势不仅没有改变，而且越来越清晰。借助资本的推力，"向中国际"无疑进入了发展的快车道，驾校上市以后，可以借鉴的成功的发展经验似乎不多，吸取失败的教训，另辟蹊径就显得尤为重要了，当你走的路跟别人不同时，你才能看到更独特的风景。

第九章

学时
尴尬

一、学时法规

2016年8月18日,《机动车驾驶培训教学与考试大纲》对每个科目的学时进行了重新规定。如:C1规定科目一培训课时为12课时,科目二为16课时,科目三为24课时,安全文明驾驶为10课时,每个学时为60分钟,有效学时不得低于45分钟。

《机动车驾驶培训管理规定》征求意见稿中提出:机动车驾驶员培训机构应当建立学时预约制度,提供计时培训、计时收费、先培训后付费服务模式,并向社会公布。机动车驾驶员培训机构应当使用符合国家技术规范的计时培训系统,如实记录、储存培训信息。对不落实教学大纲学时要求,缩减培训学时的;未按照规定记录、储存、传送培训记录等培训信息的;教学日志、培训记录等培训信息弄虚作假的;由县级以上道路运输管理机构责令改正,并处2000元以上10000元以下的罚款;拒不改正的,由原许可机关吊销其经营许可。

2015年11月,国务院办公厅转发公安部、交通运输部《关于推进机动车驾驶人培训考试制度改革意见的通知》(国办发【2015】88号)第二部分主要任务中多处对学时进行了强调:

1. 实行驾驶人分类教育培训。推行大型客货车专业化驾驶培训，试点开展大型客货车驾驶人职业教育，将先进的驾驶理念和驾驶技能纳入教育培训内容，加强守法文明驾驶意识培养，提升大型客货车驾驶人专业技能和职业素养；引导建立大型客货车驾驶人培训基地，开展集中式教育培训。优化小型汽车驾驶人培训方式，在完成规定培训学时要求的基础上，学员可根据自身情况增加培训学时和内容，满足个性化、差异化培训需求。（交通运输部、教育部、公安部、人力资源和社会保障部负责）

5. 强化驾驶培训机构培训责任。驾驶培训机构应严格按照国家标准和规定配备教练车、教练员和教学设施，严格按照培训大纲规定的学时和内容进行培训，确保培训质量。培训结业的，驾驶培训机构应当向学员颁发结业证书。主管部门要强化监督管理，加强检查，规范市场秩序，保证驾驶培训机构依法依规开展经营服务活动。（交通运输部负责）

17. 健全驾驶培训监督机制。推广使用全国统一标准的计算机计时培训管理系统，建立省级驾驶培训机构监管平台，强化对培训过程动态监管，督促落实培训内容和学时，确保培训信息真实有效。推进驾驶培训机构监管平台与考试系统联网对接，实现驾驶培训与考试信息共享，确保培训与考试有效衔接。建立学员监督和评价机制，健全驾驶培训投诉处理制度，畅通电话、网络等投诉渠道，及时调查、处理并公布结果。（交通运输部、公安部负责）

19. 严格违规培训责任追究。建立违规培训责任追究和退出机制。发现驾驶培训机构减少培训项目和学时、伪造或篡改培训系统数据、违规发放培训结业证书的，依法严肃查处，直至吊销经营许可。对驾驶培训机构及教练员组织或参与考试舞弊、以各种名目向学员索取财物的，依法从重处罚。对未经许可擅自从事驾驶培训经营活动的，依法严肃查处。（交通运输部负责）

2016年1月28日公安部、交通运输部《关于做好机动车驾驶人培训考试制度改革工作的通知》也有多处再次对学时进行了强调。

第二部分：要在落实计时培训的基础上，提供多种培训服务方式，鼓励采用"一人一车"方式进行培训，满足学员个性化、差异化培训需求。

第三部分：驾驶培训机构要落实培训主体责任，严格按照培训大纲规定的培训学时、内容进行培训，使用规范化教材和教学日志，加强素质教育，突出安全驾驶、文明行车意识的培养，并贯穿到培训全过程。要推进规范化教学，建立一整套融知识、技能、意识、安全为一体的驾驶规范化教学体系。要建设和使用全国统一标准的计时培训系统，加强对计时培训系统的管理，严厉打击学时造假行为。要在学员完成各阶段培训后，按规定进行考核，全部考核合格，发放结业证书。

第四部分：交通运输部将抓紧修订《机动车驾驶员计时培训系统技术规范》，进一步明确管理部门驾驶培训监管服务平台与驾驶培训机构计时培训应用平台的功能。道路运输管理机构要督促驾驶培训机构安装使用符合全国统一标准的计时培训系统。未安装计时培训系统的驾驶培训机构，要结合标准的修订，加快工作进度，于2016年12月31日前实现培训信息电子化传输。各级道路运输管理机构要建立和逐步完善驾驶培训监管服务平台（或应用端），实现培训信息传输、储存、监管、服务一体化。交通运输部将构建完成全国驾驶培训数据交换与服务平台，并免费提供统一开发的省级驾驶培训监管服务平台（含市、县级应用端）供各地选用。2016年12月31日前，各省级驾驶培训监管服务平台与全国驾驶培训数据交换与服务平台完成对接，实现数据有效传送。

道路运输管理机构要强化培训过程动态监督，督促驾驶培训机构完成培训学时，落实培训内容和要求，确保培训信息真实有效，要在学员完成规定培训后，及时将培训信息传送至公安机关交通管理部门。

第八部分：道路运输管理机构要加大违法违规培训监督查处力度，会同公安机关交通管理部门开展专项行动,严厉查处非法培训行为,发现驾驶培训机构减少培训内容和学时、伪造或篡改培训系统数据等违法违规行为,道路运输管理机构依法责令停业整顿,向社会公告,并通报公安机关交通管理部门;情节严重的,道路运输管理机构依法吊销其经营许可。对于计时培训系统服务商、驾驶培训机构人员等篡改和伪造培训数据,构成犯罪的,移交公安机关依法追究法律责任。

二、学时造假

打开搜索引擎,敲上关键词"学时造假",各种相关的新闻、词条比比皆是,信手拈来几则。

2019年4月28日,《中国之声》央广记者以《驾校造假刷学时事件层出不穷 指纹打卡形同虚设?》为题报道:苏州交运驾校是当地规模最大的驾校,但是长期以来,这个驾校违规使用多种作弊器材,为学员在驾驶技能培训过程中造假刷学时。媒体曝光以后,当地监管部门表示将严厉查处。文章还揭露:类似的事件并不鲜见,就在半年前,江苏扬州的多家驾校被媒体曝光学时造假,而刷学时的手法,与苏州这家驾校的一模一样。2018年4月,江苏丹阳监管部门也查处过类似的事件。

2017年4月8日《厦门晚报》报道:16所驾校、25辆教练车、666名学员,因为学时造假,被勒令整改。记者从厦门市运管处获悉,近期检查发现部分驾培机构存在学时造假行为,严重扰乱了厦门市驾培市场经营秩序。为了进一步规范驾培机构的培训管理和教学行为,保证培训质量,厦门市运管处向全行业通报处理结果。一、写出书面检讨,对参与造假的驾培机构内部工作人员，各驾培机构按有关规定调离岗位或解聘。二、对涉及学时造假的 25 辆教学车辆，暂停其教学培训 6 个月。三、666 名学员的不实学时全部清零，并责成涉及的 16 家驾培机构严格按照教学大纲规定的学时，补教、补学、补训，确保培训质量。

2017 年 7 月 22 日搜狐网报道：近日，黄岩区运管局开展驾培学时造假专项整治"一号行动"，通过此次行动，全面遏制了伪造学时数据、篡改培训系统数据等学时造假行为，有效地维护了驾培行业秩序，保障了学时真实准确。当地运管局采取"双随机"抽查的形式进行网络核查与实地检查，执法人员通过现场稽查和信息化监管双重手段全面整治违法违规行为。在此次整治行动中，当地运管局共查获七起利用"跑码机"篡改培训系统数据等学时造假案件。

……

自从有了学时以后，学时造假就如影随形，而且造假的方式"各庄有各庄的高招"。可以说，学时一直以来都是驾培行业"道"与"魔"斗法的主战场。不守学时的规矩，其原因较为复杂。一是学时政策。限定学时有没有必要？限定学时为多少合适？正像人的饭量有大有小一样，因学员性别、年龄、职业、体能差别很大，强制性的限定学时就是要求你即使吃饱了，还要继续吃，一直吃到限量。学时"一刀切"是否科学？随着汽车制造技术不断更新换代，尤其是自动驾驶技术的不断成熟，汽车驾驶越来越便利，老的培训学时规定是否能适应新的形势。对于学时，全国驾培人可谓是爱恨交加。但大家也不否认必要的学时是培训质量的保证，开车是个熟练活，熟才能生巧。二是认识上有偏差。我们痛恨食品造假，痛恨药品造假，我们都是假货的受害者，但学时造假大部分学员并不反对，甚至持欢迎的态度，于是驾校就心安理得了。三是执行上不得力。最早的学时审查采取报表的方式，破解学时十分简单，只要填好表格，与运管部门审查学时的人搞好关系，就可高抬贵手放行了，有的甚至连这样也嫌麻烦，干脆自己来搞定。好多年前，南方一省会城市就出现了这样一个大胆的校长，自己印刷了学时表，私刻了印章，办起了业务，不仅自己学时造假，还兼办"好事"挣外快，一张一元，来者不拒，最后东窗事发，有关部门才知道还有一个"地下运管所"。原始的学时审查落后于时代，于是就有了学时记录仪，但前边有了学时记录仪，后边就有了跑码机，学时记录仪，又成了摆设。四是学时对接。这是一个救市的行为，通过与公安联网对接，增加学时法律上的严肃性，如若再敢破坏，不仅违法，而且犯罪。但是学时对接后培训效率大幅下降，培训成本大幅上升，驾校挖空心思用新的手段去刷学时，无非就是想压缩成本，想在学费上比其他驾校更有优势，讲白了就是要获得不断打恶性价格战的本钱。破坏学时最大的后果就是行政处罚，或罚款，或限期整顿，违法不犯罪，不受刑事处罚，因此学时对接仍然没能根治学时造假这一痼疾。

学时之所以能大面积造假是怎样形成的呢？俗话说："一个巴掌拍不响。"如果驾校严格按着教学大纲规定的学时培训，不仅油费、人工成本会大量提升，而且培训学员的时间周期也会大量延长，这就大大压缩了驾校的利润空间，在培训能力严重过剩、价格战久战不停的情况下，驾校必然打起了学时的主意。而这时又有挣"黑钱"的人员上门兜售跑码机，好比有想睡觉的，就有给送枕头的，两个方面的"完美"结合，学时造假现象就出现了。有人骂开发学车计时平台的公司是前面卖"盾"，后面卖"矛"，即前面推销学车记录仪，后面就跟进卖跑码机。我认为这有失公允，作为"互联网＋驾培"的公司，花费了大量的人力物力开发系统，又经过千辛万苦的市场推广，终于获得了订单，他们是想挣正规的钱、长久的钱，他们也不想破坏自己的学时系统，但掌握技术开发的某些技术人员出发点就不一样了，偷偷地开发"跑码机"再偷偷地销售，于是跑码机就泛滥成灾了。其实，互联网计时平台也是学时造假的受害者。

据业内行家分析，破坏学时的技术手段主要有三种。一是跑码机。跑码机又名教练车跑卡器。教练车跑卡器刷学时的原理是教练车跑卡器可以自动产生教练车的行车轨迹及行车脉冲、里程速度，而驾校对教练车的学时要求，就是要具备行车轨迹、脉冲、里程、速度等，教练车跑卡器可以自动模拟这些数据，这样停车的状态也可以产生"有效"的学时，通过欺骗学时计时设备进行模拟数据达到造假的目的。二是电子围栏破解芯片。电子围栏顾名思义就是电子感应围栏，将驾校练车场地围起来，这样给"四面开花""打游击战"的教练员带来极大不便，他们都要舍近求远回到总校训练，这样不仅增加了他们的油耗和时间成本，也对他们的招生形成了巨大冲击。于是针对这种情况，市场衍生出了一种破解产品——电子围栏破解芯片。其原理是事先将场地练车路线以及GPS信号轨迹采集录制保存于芯片，通过循环播换实现，车开出场地，后台也显示在场地内，以此达到任意地点停车打卡的目的。也是通过欺骗电子围栏的设备，模拟数据来实现造假的目的。三是免指纹芯片。教练车打卡机免指纹芯片的安装相对简单，只有录制型的免指纹芯片需要焊接电源点位，虽然每种牌子的打卡机安装方法都不一样，但都可用一个免指纹芯片来替代指纹识别芯片。

跑码机、电子围栏破解芯片、免指纹芯片是学时造假的主要手段，这样导致严格按照国家要求执行驾培的驾校生存受到了严重的影响。为了解决学时造假，这几年国家也加大了监督、惩罚的力度，但技术性的刀枪不入的"杀毒软件"还没有出现，学时造假仍然是驾培行业很长一段时间内的痛点。

相关链接

制售驾驶员培训作弊仪器 34 人因此被判刑！

2018 年 9 月 19 日"中国审判网"报道：小小一台仪器就可以通过程序非法篡改驾校学员培训时间和路程，这样的"黑科技"可能造就大批"马路杀手"，不禁让人提心吊胆。江苏省宜兴法院依法对林禧、卢允传等 34 名被告人提供非法控制计算机信息系统的程序、工具，制售驾驶员培训作弊仪器一案进行公开宣判，引发社会广泛关注。

法院经审理查明，2014 年 5 月，被告人林禧、卢允传注册成立福州绝妙电子科技有限公司，设立研发、生产、销售等部门，专门研发、生产跑码机、电子围栏破解芯片、免指纹芯片、图片机，并设立"绝妙电子商城"，由销售人员通过电话、淘宝、微信等方式销售给全国各地的驾校教练员。这些跑码机、电子围栏破解芯片、免指纹芯片、图片机安装或植入在培训驾驶员机动车上的车载无线终端（又称驾培仪），就可以控制车载无线终端信息系统，通过增加行驶轨迹、绕过身份验证等方式向机动车驾驶员计时培训系统平台上传虚假的学时数据，从而帮助学员减少培训时间、提前获得驾驶员考试资格。

2015 年 11 月至 2017 年 7 月，被告人林禧、卢允传先后招聘张慧、董行群、王海辉等多名员工，分工负责跑码机、电子围栏破解芯片、免指纹芯片、图片机的研发、生产、销售和维护等工作，每月按底薪加销售提成获取报酬。在此期间，绝妙公司共向一万多人次销售跑码机、电子围栏破解芯片、免指纹芯片、图片机，销售总额为人民币 1597 万余元，其中部分产品销售给在江苏省宜兴市交通职校等驾校从事培训的教练员。

由于案件涉案数额大、范围广、危害性强，经公安部挂牌督办，公安机关在福建福州、江苏宜兴同时开展抓捕，成功破获绝妙公司窝点，当场扣押到跑码机2193个、电子围栏破解芯片及免指纹芯片145个、图片机190个以及其他配件等。

经审理，宜兴法院认为，被告人林禧、卢允传明知跑码机、电子围栏破解芯片、免指纹芯片、图片机用于控制教练车上的车载无线终端信息系统而进行研究、开发、生产和销售，其行为均已构成提供非法控制计算机信息系统的程序、工具罪，均被判处有期徒刑五年，并处罚金人民币20万元。被告人张慧等32人在绝妙电子科技有限公司担任研发及销售相关职位，均犯提供非法控制计算机信息系统的程序、工具罪，被依法判处一年至三年六个月不等有期徒刑，并处人民币2万至10万元不等罚金。

"通过计算机软件在驾驶培训中'作弊'会严重降低培训质量，放任技术不过关的驾驶员上路，带给社会极大安全隐患。"法官表示，杜绝这种投机行为一方面需要加大打击力度，严肃惩处犯罪人员，另一方面也要不断升级完善驾校培训考核的监督系统，堵住数据漏洞。

三、学时对接

根据2015年底国务院两部委驾培改革设定的三年期限，进入2018年后，河南、重庆、青岛等地纷纷发文件、开会议，限时限刻推行"学时对接"。一石激起千层浪，饱受低价竞争之苦、恶性竞争之害的国内驾培市场沸腾起来，期盼者有之，怀疑者有之，困惑者有之，观望者有之。笔者考察了河南郑州、三门峡、济源三地驾培市场，与当地运管部门的领导和驾校校长进行了座谈，结合其他地市的情况分析，认为学时对接对广大驾校依然是机遇和挑战并存，希望和困难同在。

机遇一：给净化驾培市场创造了良好的条件。

实行学时对接后，学车的场地必须符合规范，驾驶培训车辆会配以电子围栏管理，凡超出围栏的驾驶培训行为，学员无法通过车载终端进行有效学时记录，如此会给黑驾培以沉重的打击。

开展学时对接工作前，上饶的驾培市场和国内有些地区一样，非法挂靠、非法培训遍地开花比比皆是，培训监管困难，这些问题使正规驾培机构生存空间被打压，整个市场混乱无序。全面落实学时对接后，依托电子围栏、动态人脸识别等技术，驾驶培训必须在电子围栏的范围内开展，800余家黑驾校、黑培训点等非法驾培就失去了生存空间，整个上饶驾培市场风气焕然一新，正规驾培机构的利益得到保障。

据《重庆商报》报道，正式启用驾驶培训管理信息系统，让九龙坡区某驾校的分校校长冯某"头都大了"："我们是挂靠总校，自己招生，自己培训，只给总校缴纳每个学员1750元的管理费，赚多赚少都是我们的。"他说，正式启用驾驶培训管理信息系统后，没有训练场地的分校，学员的学时和培训过程都没有接入管理信息系统，就不能考试。

机遇二：给学车价格回归带来了难逢的机会。

驾校的投资者和经营管理者对学时对接的关注中除了净化市场外，更关心的是价格能否上涨，从此摆脱低价竞争的恶性循环。学时对接后，学车价格上涨从理论上说是可能的，甚至是难得的一次机会。河南济源市2017年1月1日正式实行了学时对接，自动审核，驾培协会与平台运营商协商设定了科目二培训价格定为70~90元，科目三培训价格是80~100元，实施后运管部门要求取消最低价，但驾校都遵守了70元、80元的底价。学时对接一年半以来，各驾校收费维持在2740~2940元之间

(不含考试费),学车价格比河南大部分地市都高。

同属河南的安阳,实现学时对接后,价格却比济源低了1000多元。河南的安阳是全国16个驾培改革试点城市之一,也是在全国最早实行学时对接的城市。学时对接前招生价格在1500元左右,学时对接后并没有出现大家期盼的学费上涨,为何呢?原因是学时平台上给出的价格是一个区间价格,不能低于40元,不能高于80元,结果大部分驾校维持在40元,36学时×40元/学时=1440元,学时对接后价格没有变化。

由此可见,学时对接并不能根除价格战,价格能否上涨关键看定价,学时定价由谁来定?怎么定?定了之后大家能否自律?谁来监督?用一种简单的技术手段管理好驾培市场,提升招生价格,这是多少驾校投资人所期盼的,但也是不现实的。"机管""技管"代替不了人管,没有行业的自律就没有行业的发展。各地驾培协会在学时对接工作中发挥主导作用,定好、定准、定稳价格,并配套强有力、切实可行的自律措施,才有价格回升的可能。

机会只垂青有准备的人。任何一项政策的出台,对于有准备的人,都是一次弯道超车乘势而为的重大机会;而对于没有准备的人,也可能是沉重的打击,成为压死骆驼的最后一棵稻草。学时对接对于直营者是一次机会,对于挂靠者是一次打击;对于打质量战者是一次机会,对于一贯拼价格者是一次打击;资金雄厚者挥洒自如,资金匮乏者将更加捉襟见肘。凡事预则立,不预则废,机遇和挑战总是伴生而来。

挑战一:给驾校服务的提升提出了新的课题。

伴随着学时对接,学车模式发生了巨大变化,多人一车变成了一人一车,随到随学变成了提前预约,一次交费变成了每次交费,这些变化对驾校的训练与服务提出了新的要求。驾校的客服人员要耐心地教会学员下载使用约车计时平台APP，甚至要帮助学员约车，帮助学员付费，工作量增加了很多。教练员过去是一对多教学，学员之间有相互的讨论切磋，轮流训练，互帮互学，现在一对一教学，不仅大量增加了讲解纠错的次数，还要想方设法克服学员的训练疲劳，提高课时训练效率。精细化个性化的训练与服务将成为未来驾校竞争比拼的重点。

挑战二：给驾校的运营增加了资金上的压力。

尽管收费有高有低，但驾校传统的经营模式是先收费，后培训，驾校有大量的资金沉淀，俗话说："家里有粮心不慌。"实行学时对接后，这一模式将被颠覆，收费变成了先培训后付款，这就意味着资金不再富裕，家无余粮，垫资培训将成为常态，尽管学费可能会上涨，但入不敷出的现象可能会扩大。

挑战三：给驾校规范教练员管理增添了变数。

按驾校与教练员的关系，驾校经营管理分为三种模式：一类是直营式，一类是挂靠式，还有一类是二者的兼容式——部分直营部分挂靠。三种模式在实行学时对接后都面临不同程度的"教练荒"。直营的驾校过去为了降低成本，往往是教练员的人数少于教练车数，许多驾校存在着一个教练员看两辆车甚至三辆车的现象。已经实现学时对接的江西上饶和河南安阳，分别使用的是南京多伦和重庆安运的系统，目前两地在运行中暂时只是对学员面部进行识别，还没有同步对教练员进行面部识别，因此暂时还存在着"二车一教"的现象，但是可以肯定这种现象不会长久。安阳运管处已经发文要对教练员进行面部识别。如此一来，教练员只能在一辆车一台设备上签到，"二车一教"的现象将受到限制，驾校为了满负荷运转，补充教练员人数将不可避免。挂靠经营的驾校也会面对"教练荒"的问题,而且难度更大,挂靠的教练员往往是以"遍地开花"的方式存在,过去是在自己的乡镇、自己的地盘上招生训练,现在要回到总校训练,面对路途遥远、招生受影响的选择时,放弃挂靠者肯定有之,如此驾校不仅要拿出资金回收车辆,还要新招教练员,或者寻找承包者,其压力大于直营的驾校。

挑战四:给驾校培训效率的保持提供了难度。

对于生产型的企业,在成本不变的情况下,产量越大效益越好,对于驾校而言,道理是相同的。驾校在经营中,如果一方面用工、税收、场地成本在增长,一方面培训量在减少,那么效益肯定会下滑。实行学时对接后,驾校的培训量是会上升还是下降呢?答案是后者——下降。原因有两点,其一、教练员单车培训量受到限制。以往在许多驾校教练员的培训量是上不封顶,原因是学时造假、一车多人,只要学员充足,教练技术好,一年培训一百多人不在话下,如今实现学时对接后,一人一车,学时受到严格限制,培训量会大幅下降。济源阳光驾校是当地运营质量最好的驾校,每个月招生与学时培训量相当于其他两三所驾校之和,实行学时对接后,教练员早起晚归,训练时间延长了,但培训人数却大幅减少,最好的教练员年培训人数不会超过60人。其二、合格率也会下降。一人一车,且学时充足,为何合格率会下降呢?原因出在预约上,如果约车容易,而且一直预约一个教练员,合格率无疑会上升。反之,如果约车难,三天打鱼两天晒网,一曝十寒,又经常换约教练员,这些教练员教法又不一样,合格率很难有保障。

上有政策,下有对策,综合试点城市的情况也还存在着"二车一教"现象,存在着个别学时造假的问题,存在着学时收费明修栈道暗度陈仓(驾校先一次性收费再按学时向平台交练车费)的现象,存在着有的驾校收建档费有的不收的现象，凡此种种，不一而论。因此，学时对接不是包治驾培百病的灵丹妙药，学时对接还要在推行中不断完善，谁的责任由谁来负。尽管学时对接问题多多，但学时对接已大势所趋，当我们不能改变风的方向时，只能改变帆的方向（笔者一向反对学车模式的单一化）。作为一名驾校的投资者、经营管理者，你的责任要由你来承担，你的问题要由你来处理，你的命运要由你来把握，谁也替代不了你！人无远虑必有近忧，临渊羡鱼，不如退而结网；清谈评论，不如奋起直追；被动等待，不如主动出击。

第十章

警钟长鸣

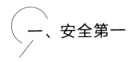

一、安全第一

7位"苦学员"命丧异地考驾途中

2014年12月13日凌晨2时许,在粤赣高速河源市和平县上陵镇寨西村路段发生一宗特大交通事故,6车连环追尾引发4车爆燃,共造成12人死亡和3人受伤,其中一辆面包车上有8人全部死亡,8人中除了一名为组织异地驾考单位的驾驶员外,其余7名皆为考驾的学员。此次事故再次刷新了中国驾培市场安全事故的纪录——死亡8人。

此次事故有诸多地方不同于以往,一是发生事故的地点不是训练场,也不是指定的训练路线;二是发生事故的车辆不是教练车;三是发生事故的单位不是具有机动车驾驶培训许可的驾校,而是一家陪驾公司。诸多的不同引起了当地媒体和全国驾培界的关注和思考。

经过记者多次采访得知,8人遇难的深圳面包车是组团前往江西赣州考车的"学车团"。深圳的考生为何舍近求远不辞辛苦到江西赣州学车考驾呢?记者得出的结论是:钱不是问题,排不上才是问题,学车容易,考试难。

7个死亡的"苦学员",我们应该哀悼他们,同情他们,在深圳这个讲究"时间就是生命"的城市，如此的等待让他们无法忍受，在赣南一般两个月就可以拿证，他们没有少花钱，每人都交了9000元的学费，他们就希望早日拿证，他们的这个愿望有问题吗？我们为什么就不能满足他们的愿望呢？

学员学驾考试积压的问题，前几年在许多城市都一度有过，通过允许有能力有条件的驾校自建考场，大多得到缓解，但时至今日深圳以及广东其他地市考试积压的问题依然严重。只要学员积压严重，就还会有更多的"苦学员"赴外地考驾照，限制异地考驾照的人数比例是治标不治本，那么"本"是什么呢？

深圳驾照的考试能力远远不能满足人民日益增长的美好生活需求，为何不去解决呢？为何不面向驾校放开自建考场呢？垄断之中是否涉及部门和个人利益！增加考试能力，缓解学员积压，形成培训能力与考试能力相匹配的局面，并不是什么难事！

开门不小心，致人残十级

据南充新闻网报道：一位驾校教练停车后，坐在车上的一名女学员在打开车门时，不慎撞上了从旁边驶过的一辆摩托车，致骑车男子受伤，用去医药费3万多元，并构成10级伤残。法院判决肇事教练车所投保的保险公司赔偿伤者洪某各种损失11万余元，教练车驾驶员杨某某赔偿洪某7000余元，其所挂靠的驾校承担连带赔偿责任。

自学自练的恶果：陪练人死亡，借车人和练车人徒刑！

大河报大河网**报道**：商丘一男子将车借给朋友在驾校练车，因练车人操作不当，致使轿车失控撞上树后侧翻，陪练人死亡。记者从商丘睢阳区法院了解到，法院已审结该案，一审以过失致人死亡罪判处借车人孙某有期徒刑8个月，练车人刘某被判处有期徒刑2年。

2014年7月22日9时许，孙某通过QQ认识了刘某。当天下午5时许，孙某驾驶银灰色北京现代轿车，接到刘某及刘的朋友朱某后，刘某、朱某二人提议去练车。当天下午6时20分，孙某驾驶其车辆带着刘某、朱某来到兴华驾校练车场后，刘某、朱某让孙某下车，由朱某驾驶车辆教刘某开车。行驶一段距离后，朱某将车辆交给刘某驾驶，坐到前排右侧位置指导刘某开车。但刘某在驾驶车辆时，因操作不熟练，导致车辆突然失控，车撞上树后，侧翻在驾校西围墙处，陪练人朱某死亡。经鉴定，朱某因面颅骨、颈椎多发性、粉碎性骨折，伤及脑组织等中枢神经系统而死亡。

法院审理后认为，被告人刘某驾驶的不是教练车，在驾校场地私自练车，致使车辆撞上树后侧翻，造成被害人当场死亡；被告人孙某明知自己的车不是教练车，借给没有驾驶资格的被告人刘某练车。其行为均构成过失致人死亡罪，公诉机关指控罪名成立。法院以过失致人死亡罪判决被告人刘某有期徒刑2年，判决孙某有期徒刑8个月。

醉驾撞死祖孙三人 驾校教练获刑6年10个月

2018年6月14日，中国法院网报道：宿迁一驾校教练员汪某在夜晚喝酒后，驾驶教练车将在路上散步的祖孙三人撞倒，致三人当场死亡，后汪某故意破坏现场，并弃车逃逸。6月13日，江苏省宿迁市宿城区人民法院审理这起案件，以交通肇事罪判处被告人汪某有期徒刑6年10个月。

检察机关指控称，2018年2月2日晚8时许，被告人汪某酒后驾驶一辆教练车沿宿迁市经济技术开发区南蔡乡南果路由北向南行驶至"古黄河重要湿地保护区"指示牌处路段，撞到行人陈某、张某、陈某尚，致车辆损坏，三被害人当场死亡。事故发生后，被告人汪某故意破坏事故现场、弃车逃逸，并到一小诊所内就诊企图降低血液中酒精含量。

当晚23时30分许，被告人汪某到宿迁市公安局洋河派出所投案。本起交通事故经宿迁市公安局交通警察支队事故处理大队认定，被告人汪某承担该起事故的全部责任，三被害人无责任。被告人汪某血液中酒精含量为156mg/100mL，达到醉酒标准。另查明，被告人汪某近亲属已代为赔付丧葬费10万元。

汪某投案后向警方交代，他是宿迁一驾校的教练。2月2日下午五点半下班后，他开着驾校的教练车到南蔡乡一家饭店吃饭，自称当时喝了四瓶啤酒，实际是喝了半斤白酒。从饭店出来后，他开着教练车上路行驶，因为教练车灯光太暗，再加上喝了酒，感觉前面有个人影，于是赶紧打方向躲避，后来车子撞到树上就停了下来。

据受害人陈某的亲属介绍，陈某今年59岁，陈某的老伴张某51岁，8岁的陈某尚是陈某和张某的外孙，他们每晚都有在家附近的道路上散步的习惯，没想到却遭到飞来横祸。

一审法院经审理认为，被告人汪某违反交通运输管理法规，因而发生重大事故，致三人死亡，且交通运输肇事后逃逸，有其他特别恶劣情节。其行为构成交通肇事罪。被告人汪某犯罪虽然自动投案，但未如实供述自己的罪行，不认定为自首，被告人汪某赔偿被害人亲属部分损失，酌情从轻处罚。被告人汪某作为驾校教练，酒后驾驶教练车发生重大交通事故，造成恶劣社会影响，酌情从重处罚。据此，遂依法作出上述判决。

驾校学员7死6伤事故 看构建安全体系的重要性

2018年5月17日，吉林某驾校发生车祸，造成7人死亡。5月17日5时许，102国道1165千米处发生一起致人伤亡交通事故。一辆中型普通客车（车牌号吉AP5224，核载14人，实载13人）由榆树往长春方向行驶，乘客均为驾校学员，与车牌号为吉A5A308的重型自卸货车正面相撞，造成中型普通客车内7人死亡，6人受伤，二车均无超载行为。中型客车驾驶员当场死亡。

2011年6月27日17时50分许，23名学员同乘定西交运集团所属定西交通技工学校教练车，由宁远镇往城区方向行驶至事故路段过桥处会车时，右拐翻入10米深的沟里，造成6死16伤的交通事故。

2013年9月15日1点50分左右，安徽歙县境内省道215线发生一起致5死2伤特大交通事故。一辆牌号为皖J0803学的教练车与皖

J64560 货车相撞，造成 3 人当场死亡，2 人经抢救无效死亡。

一件件，一桩桩，学员没有学会开车，先付出了生命的代价。驾校是一个培养机动车安全驾驶人的地方，首先要抓好自身的安全。驾校的安全工作要有"三铁"精神——铁石心肠、铁的纪律、铁的手腕。驾校要挣钱，首先讲安全；开门七件事，安全是第一；不怕你审美疲劳，就怕你安全意识不牢；宁可听严抓安全管理的骂声，也不听出现事故后的哭声。驾校安全体系的构建要抓好以下五个环节：第一要经常性地多给教练员进行安全教育，第二要与学员签订安全培训合同，第三要制定严密的安全训练管理规定，第四要对安全训练管理规定落实情况持续进行检查，第五要制定安全事故应急处理预案。

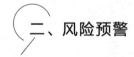

二、风险预警

驾培市场产能过剩 部分驾校或将出局

《工人日报》2017 年 6 月 24 日报道：驾考改革是涉及亿万群众切身利益的一项重要民生工程。近年来，我国机动车驾驶人培训考试市场增长迅速，也带来了学车难、约考难、培训贵等一系列问题。《关于推进机动车驾驶人培训考试制度改革的意见》的发布有望进一步开放驾培市场，废除考试名额分配制，铲除滋生腐败土壤。

2015年驾考改革以来，全国各地驾培市场突入寒冬。以成都为例，根据成都市官方资料显示，截至2016年6月，四川成都共有驾校79所，年培训能力达140万人，但当前申领驾照人数仅维持在60万人左右，市场处于供大于求的状态。

在当前的驾培市场中，尽管监管渠道日趋多元，监管力度日渐加大，但记者调查发现，一些新呈现出的驾校"潜规则"仍旧让人瞠目：低价驾培背后的被迫附加投入、盘根错节的模拟考灰色利益链……驾考路上的"环环相扣"远比想象中复杂。

供需失衡下的疯狂逐利

成都市运管处相关负责人称，2015年底驾考改革以来，受经济形势、政策调整等外部因素影响，加之成都市驾校目前主流承包合作的粗放式经营管理模式，整个行业面临着较大的经营压力，市场环境受到了一定程度的冲击。

成都市交通委数据显示，截至2016年6月，该市共有机动车驾驶员培训机构79所，教练场360余块，总面积约19000亩，各类教练车辆约20000辆左右，若按每辆车每月培训6个人估算，全市驾校年培训能力达140万人，但市场远不如预期。2015年成都学驾人数约77万人，仅占当年培训能力的55%；2016年上半年学驾人数约29万人，较去年同期下降约30%。该负责人称："未来年申领机动车驾驶证人数将维持在60万左右，市场或将继续保持培训能力大于培训需求的状态。"

记者在采访过程中了解到，市场"寒冬"之下，成都市目前已有部分教练车处于闲置状态，教练员待业情况也较为普遍。为了抢夺市场，部分驾校开始采用低价策略。"3000元培训费刚好保本，低于这个价格可能会存在问题。"据成都驾培协会负责人称，如果学费过低，学员报名时应谨慎考虑。

记者发现，现实中还是有很多学员中了低价的招。"2000多元报名学车，结果打电话给教练约车，天天都说没空。"正在学车的王先生近日颇为懊恼，在科目一考试结束后，教练便不再主动联络他。

还有一些学员像王先生一样低价报名驾校后，便陷入了无穷尽的二次付费漩涡。"预约练车每次都要交场地租赁费、租车费、加时费，总共算下来感觉投入的更多，"一位学员无奈感慨。

以充分竞争净化市场

驾培市场乱象何以循环往复、屡禁不绝？业内普遍认为这缘于其长期市场垄断所形成的强势卖方市场，唯有行业开放才能终结市场乱象，而政策的利好正在推动这一进程。

2015年，公安部、交通运输部《关于推进机动车驾驶人培训考试制度改革意见》明确指出，将实行计时培训、计时收费、先学后付等服务措施。随后2016年4月1日，"自学直考""自主约考"等改革措施在全国16个试点城市落地。

有关方面曾预测，自学直考在一定程度上压缩了驾培市场空间，让人们有了更多选择，能够让竞争更充分，对终结乱象具有重要意义。

"自学直考试点最大的意义在于撕开了行业垄断的口子。"成都市是自学直考试点城市，成都市一位驾校负责人称，抛开政策导向，驾校的专业优势仍在，自学直考实施一年来，真正选择的人并不多，对驾校市场几乎没有形成挤占影响，但却像导火索一般开启了行业的全面洗牌期。

"乱象滋生是变革背景下的最后挣扎，经营管理不善的驾校终将被市场淘汰。"

同时，市场监管手段仍然不可或缺。

国内首个集网上咨询、网上报名、网上评价、网上投诉、网上预约培训等功能于一体的成都市机动车驾驶员培训公众服务平台手机App"成都驾驶培训"正式上线后，成都市交委方面表示，运用大数据和互联网技术的"O2O"模式服务大众，学员登录App即可浏览驾校的信用评级及口碑等详细信息，实现线上报名、线下入学，线上预约培训时间、线下完成实际培训，线上咨询、评价、投诉的一站式驾驶培训过程全覆盖服务，将有效解决公众择校盲目、学员学习被动、行业监管困难、驾校服务形象较差等问题。

三、作弊违法

2017年下半年，被告人张某某联系被告人孙某代替其参加机动车驾驶证考试，并给了孙某好处费16000元；孙某将此事转托给刘某某；最终刘某某安排陶某某代替张某某参加了驾考科目一、科目二的考试。

公诉机关认为，应以代替考试罪罪名追究4名被告人的刑事责任。庭审过程中，4名被告人对公诉机关指控的犯罪事实均供认不讳，并请求法官从轻判决。

2015年11月1号起施行的《刑法修正案九》规定，代替他人或者让他人代替自己参加法律规定的国家考试，涉嫌代替考试罪，可被处拘役、管制，并处或单处罚金。法条中"法律规定的国家考试"就包括高考、研究生考试、公务员考试、机动车驾驶证考试等。在此提醒要参加各类考试的考生要树立诚信考试的风气,不要以身试法,千万不要为了走捷径而触犯法律。

替人代考驾照触犯刑法

《成都商报》2016年7月25日报道,一男子替人代考驾照被判拘役2个月。这是刑法修正案(九)"代考入刑"后,四川法院判决的首例代替考试案。

为金钱所诱惑,男子左某在威远县代替一名驾校学员参加机动车驾驶人科目二考试,在考试中被考官识破了替考行为。

这在以前,左某的行为只会受到行政处罚,而这次,他已涉嫌犯罪。威远县法院刑事法庭公开开庭,左某受审,他被指控的罪名是代替考试罪这一新罪。

经过审理,威远县法院当庭作出判决,左某犯代替考试罪,被判处拘役2个月,并处罚金1000元。

信号接收器、隐藏耳机、跟踪车辆……在拍谍战片?这是科目三驾考作弊现场!

据上游新闻·重庆晨报报道,2019年6月10日,驾考科目三考试江

驾校转型启示录

津九龙考场,24岁的考生李某因为在驾考科目三考试过程中作弊,被考官抓了现行。

当天上午,李某坐进驾考车驾驶室,开始进行科目三道路技能考试。

一开始,李某的表现比较稳定,起步、直线行驶、加减档位、转弯、掉头等各项驾驶操作都顺利完成。

考试进行到10分钟左右时,李某在准备变道之前,突然因为操作不当造成发动机熄火,被扣了10分。之后,李某开始表现得比较紧张,在驾驶过程中出现了几次摸脸的小动作,看反光镜的次数也明显增多。

又过了10多分钟,李某终于完成了科目三考试。因为这次考试只扣了10分,按照相关规定这样的考试成绩应该为合格,所以李某在下车时,长长地松了一口气。

然而,考试结束后,监考民警叫住了李某,并把他带回了办公室。

原来,在考试过程中,监考民警早已经注意到了李某异常的表现。同时,监考民警还注意到,有一辆社会车辆一直跟着驾考车。

监考民警很快意识到,李某有可能在作弊。因此,在考试结束后,监考民警和考场工作人员对李某进行了检查。

果不其然,在检查时,监考民警发现李某身上藏着一个信号接收器,左耳里还藏着一个无线隐形耳机。

面对监考民警现场检查出来的作弊器材,早已心虚的李某很快承认了自己考试作弊的事实。

李某说,之所以会有一辆社会车辆一直跟在驾考车后面,是因为在那辆车里有人在帮助他作弊。在李某考试过程中遇到需要踩制动踏板、打转向灯等情况时,车里的人就会用通话设备对李某进行提示。李某通过信号接收器、无线隐藏耳机接收提示。

为什么要作弊?李某坦言,自己因为平时科目三练习的熟练度不够,前不久已经考试失败过一次，这次是他第二次参考。

李某因为担心再次考试也考不过，所以就想到了花钱请人通过无线电指挥的方式来作弊，没想到"偷鸡不成蚀把米"。

江津区公安局交巡警支队民警表示，李某违反了公安部第 139 号令《机动车驾驶证申领和使用规定》第八十八条相关规定。李某的科目三考试成绩作废，已经通过的其他科目，也全部作废。不仅如此，李某在 1 年内也不得再次申领机动车驾驶证。

流窜全国的驾考作弊团伙覆灭

2018 年 7 月 15 日，湖南日报报道，考生穿上隐藏着针孔摄像头的上衣，耳朵里放置米粒耳塞，场外有专业答题员提供答案……少数驾考考生，试图通过这样的作弊方式过关。

2018 年 5 月 4 日下午，耒阳交警大队负责科目一考试的民警，当场抓获学员欧某利用电子无线设备在考场作弊，案件移送至衡阳市交警支队案侦大队。经初步侦查，发现该案涉案人员众多、案情复杂，交警支队组成专案组开展侦查。

专案组侦查发现，2018 年 1 月，驾校教练员龙某在网上认识了一个外地的"李哥"。"李哥"声称可以以无线通信作弊方式帮学员通过科目一、科目四考试。两人在网上谈好价格后，龙某利用在驾校工作的便利，充当"联络员"，联系衡阳各区县想作弊通过考试的考生，并发展了几个驾校的教练员作为其"业务员"。在科目一考试时，"李哥"带着作弊的电子设备在考场附近帮学员换好作弊的衣服，然后用无线电设备将答案传送到考生的米粒耳塞中。

自 3 月到 5 月 4 日，该团伙疯狂作案谋取非法所得达 10 多万元。犯罪嫌疑人"李哥"在案发当天察觉到风头不对后迅速潜逃。专案组再深挖，发现"李哥"竟是一个全国流窜的驾考舞弊团伙的头目。

6月6日，衡阳市公安局交警支队案侦大队全警出动，在贵州省威宁县一举抓获犯罪嫌疑人10人，一个跨省流窜作案的驾考舞弊犯罪团伙被一网打尽。

该团伙长期流窜全国，专门从事驾驶员考试作弊，多人曾因组织考试作弊被判刑。他们花数万元网购"穿戴作弊神器"，利用隐藏着针孔摄像头的上衣、米粒耳塞等工具，从场外把答案传送给考生。

考试作弊产业链涉案近百人批捕16人

光明网生活频道2018年7月26日报道：11所驾校、30多个教练、7个驾考考场工作人员，还有"黄牛"若干，采用作弊方式通过驾考的考生达数百人。

据相关嫌疑人交代，至案发前，通过其经手成功获得机动车驾驶证的达数百人。据检方介绍，该案系公安机关在侦查中发现的。据悉，该类机动车驾驶技能考试作弊主要分两种，第一种作弊行为是替考，只要打点妥当，考生连考场都不用进。只需支付5000～6000元不等的"包过费"，相关嫌疑人便会将当事人的身份证和考试编号发送给"内线"考场工作人员。并买通负责签到的工作人员，则考生分配到指定考区，在考区内直接"李代桃僵"安排他人替考。第二种作弊行为相对更为隐秘。学员照常参加考试，但在考试途中，会有工作人员提醒驾驶操作方式，帮助考生通过。这种一般只需要支付1000元左右。

据犯罪嫌疑人某驾校教练王某某交代，2017年上半年的一天，当时正值考试科目三路考结束，考场外，一名四十岁左右男子（系安全员）主动接近他，表示可以帮助考生作弊。在路考前一天，通过微信，王某某将该学员相关信息发给了安全员，考试当天，他再将学员现场获得的考试编号发给安全员。安全员则尽量想办法让该学员坐自己的车，如果学员没坐上自己的车，则跟该学员所坐车上的安全员打招呼。

考试时，安全员会通过咳嗽、敲车门车窗、帮助踩制动等方式提醒学员。通过考试后，学员依照此前约定支付"帮忙费"，一般是1000元左右，教练员拿500元，安全员拿500元。经调查，相关作弊考试由驾校教练和考场内工作人员、"黄牛"之间共同串联舞弊完成，一般都有一个约定价，教练员从中赚取差价，考场内不同岗位工作人员之间则根据分工分成，形成产业链。

近期，经公安机关提请，杭州市检察院依法以涉嫌组织考试作弊罪，对教练王某某等16人批准逮捕。值得注意的是，在本案中，杭州市检察院在批捕相关嫌疑人后，还特别向杭州市公安局发出检察建议，对案件中以替考等不正当手段考取驾照的学员，在查处的同时依法吊销其驾驶许可。同时建议机动车驾驶考试服务中心加强对驾考的组织管理和监督。

四、上当受骗

花钱可买驾照？38人被骗45万余元

南方法制报2017年5月24日报道，湛江市廉江一女子熊某珍打着这个幌子，前后骗取38人共计45万余元。廉江公安分局城南派出所经过缜密侦查，成功破获该起诈骗案件，将犯罪嫌疑人熊某珍抓获归案。

谎称给钱免考办驾照 抛诱饵给介绍费

2016年5月，熊某珍在广西贵港某驾校报名学车，在考驾驶证的过程中认识了一名谭姓教练。两人相识后，熊某珍陆续介绍了十几名学员到谭教练的驾校学车从而赚取介绍费。

7月，熊某珍在广西贵港结识了梁某满。闲聊中，梁某满问熊某珍

驾校转型启示录

是否可以买到驾驶证。当时，熊某珍借高利贷的债主上门追债，急需大量现金还债，便欺骗梁某满说可以购买到驾驶证，而且是不用经过考试，只要学员去驾校拍照片以及把信息录入电脑就可以，一个小车驾驶证要8000元，并称其每介绍一个买家过来购买驾驶证，可以拿500元介绍费。

到驾校拍照录资料 骗取"客户"信任

2016年9月，熊某珍收到几个买家的钱办驾驶证。收到名单和钱的熊某珍便联系谭教练，要求其帮忙给名单上的人报名，并且带着梁某满等几名购买驾驶证的人到广西贵港某驾校报名。

在"客户"体检拍照录入个人资料过程中，熊某珍向"客户"说明，他们的资料已经录入电脑，下次不用过来考试，回家等50天左右就可以直接领取驾驶证。就这样，梁某满也信以为真，继续为熊某珍介绍"客户"。后因驾校收取费用提高，熊某珍也跟梁某满提高了购买驾驶证的费用，购买一个驾驶证10000元。直到2017年2月，梁某满为熊某珍前前后后共介绍了38人。

诈骗钱财还高利贷 东窗事发后潜逃

梁某满因介绍多人购买驾驶证却迟迟未收到驾驶证，便频频催促熊某珍，而熊某珍却诸多推辞，这引起了梁某满的怀疑，便前往广西贵港某驾校找到谭教练了解情况，得知并没有购买免考驾驶证一事。梁某满自知上当受骗后，便向熊某珍追回受骗的钱，但是，熊某珍早已失踪。众买家发现自己上当受骗后，立刻向城南派出所报警。

4月26日，城南派出所接报后迅速将案情上报，局领导高度重视，要求经侦大队联合派出所结合当前开展的打击金融领域突出犯罪专项行动，务必快速侦破此案，为群众挽回损失。办案民警迅速展开前期摸排侦查，根据报案者的描述循线深挖，彻底摸清该名犯罪嫌疑人的人员信息、具体位置和活动规律。

经跟踪摸查及深度研判，办案民警在犯罪嫌疑人熊某珍经常出入的地方伏击守候并最终将其抓获归案。

经审讯，熊某珍对其以购买驾驶证的方式骗取38名学员达45万元人民币的作案行为供认不讳。犯罪嫌疑人熊某珍已被警方依法刑拘。

考驾照太难！女子欲"走后门"被骗60万元

2017年4月，正在学习考驾照租住在常德市武陵区女子小芳（化名）和同村的胡某（男，28岁，鼎城区石门桥人）交流考试心得。胡某称朋友是某车管所领导，可以包过科目三，直接拿到驾照。小芳信以为真。

"以送礼、封红包、办事涨价等理由找我要钱，开始是3000元、5000元的给，后面是1万、1万的给。"小芳说，这些钱通过微信或是银行转账的方式给胡某，截至2018年1月25日之前，转账金额就达到7万余元。

为了赢得小芳的信任，胡某竟然一人分饰两角，他利用网络服务器申请一个微信账号"利刃"。胡某称好友"利刃"是某车管所领导，要小芳添加。小芳照做了。

"你可以直接拿驾照，但是车管所要做一个进7.3万元的假账，不然就会被发现。""利刃"以不能自己收钱，要胡某代为收钱，接受小芳的微信转账2.3万元和现金5万元。

此后，"利刃"以办证钱、驾照保证金等各种名目示意小芳向胡某转钱，金额一万至几万不等。直到6月8日，"利刃"竟然编出个奇葩理由，胡某为了帮助小芳要回以前交给车管所的钱，持刀将所内的一名会计捅伤，这事小芳也脱不了干系，如果不立即解决此事，小芳和胡某都将面临牢狱之灾。

"利刃"提出给胡某15万元，让他送给被捅伤的会计，私了此事，小芳照做了，又给了15万元。

"所里有人被带走了，纪委正在调查，帮人走关系拿驾照的都会被查。""利刃"急匆匆地告诉小芳，自己因为给小芳办事，也被调查中，如果小芳不出钱"走关系"，她不仅要坐牢，还终身拿不到驾照。无奈之下，小芳又转了17.2万元给胡某。

一次又一次，小芳算了一下，前前后后向胡某转了64.95万元。而这些钱，均被胡某用于网络赌博输掉了。纸终究就包不住火。7月中旬，小芳不断催促胡某还钱，或者拿到驾照。

因害怕东窗事发，胡某竟到某市场找人做了一本假驾照交给小芳。拿到驾照的小芳到车管所一查，竟然是假的。

一气之下，在家属的陪同下，小芳鼓起勇气向常德市公安局武陵分局丹阳派出所报了案，经过警方展开工作，很快一起重大诈骗案大白天下。现胡某因涉嫌诈骗已被刑事拘留，案件正在进一步侦办中。

谎称"免考办驾照""能人"诈骗600余万被刑拘

新华网太原2015年1月16日报道：山西省运城市警方近日破获一起诈骗案，自称"办证达人"的畅某，谎称不用考试就能办理驾照，短短15个月的时间，就有上千人上当，被骗钱款600余万元。

2014年底，运城市警方陆续接到群众报案称，自己经朋友介绍找到自称能"免考办驾照"的畅某，在收取了近万元的费用后，畅某却"人间蒸发"。

接到报案后，民警进行了详细调查，并锁定了犯罪嫌疑人畅某（运城市万荣县人）。迫于警方压力，畅某于 2015 年 1 月 5 日到公安机关投案自首，并对其诈骗行为供认不讳。

经查，2013 年 4 月，畅某向朋友刘某炫耀称，自己曾在交警队工作，在车管所有亲戚，可以让人不用考试就能拿到驾照，并且交钱半年后就能拿上驾照。刘某信以为真，就把几个想考驾照的朋友介绍给了畅某。为了蒙蔽刘某等人，畅某购买了指纹签到机等"道具"，还找来了一位自称是交警队的男子一起演戏。在畅某的精心包装下，越来越多的人上门找畅某办理驾照。

2013 年 10 月，第一批交钱的人开始向畅某索要驾照。畅某谎称办理中遇到特殊情况，这批驾照下来的时间推迟。随着时间的推移，追问的人越来越多，畅某便在办假证件的地方办了假驾照，并且拍下照片给大家看，说证件已经办理下来，还有一些后续手续，让大家再耐心等待。眼见无法继续骗下去，畅某索性藏了起来，此时受害人才发觉上当。

据办案民警介绍，从 2013 年 3 月至 2014 年 6 月，畅某共骗取 1000 多人办证款 600 余万元，所得赃款用于购买彩票、旅游等花费。

目前，畅某因涉嫌诈骗罪被刑事拘留，案件正在进一步办理中。

警惕考驾照交钱"包过"骗局

新华社 2019 年 5 月 14 日报道，打着"交钱就包过"的幌子，吹嘘自己能控制考试成绩，忽悠抱有侥幸心理的学员交钱。近日，湖北宜城警方破获一起诈骗案，当地某驾校 40 多名学员拿证心切，上当受骗。

据通报，2018 年 7 月，42 岁的张女士在宜城市某驾校报名学驾驶。由于平时工作较忙，她陆陆续续学了大半年，2019 年 3 月才参加驾照考试，在科目二倒车入库测试时，连续 3 次都没通过。这时，驾校校长万某给她出了个主意，"给我 2000 元钱帮你打点，保证你能过！"听罢，张女士表示很怀疑，便一口回绝。

谁知，张女士第 4 次还是没过，想到只剩 1 次机会，否则就得交学费重新学，心急如焚的张女士找到万某。这一次，万某却将价钱提高到 3000 元。拿证心切的张女士无奈之下交了钱。

"包过费"一交，张女士好像吃了定心丸，也顺利通过了科目二考试。可就在第二天，当地车管所打来的回访电话，才让张女士恍然大悟，知道自己被骗了。

原来，这一情况引起当地车管所的警惕，并立即向该驾校学员核实调查。果不其然，该驾校不少学员表示自己考科目二、科目三都曾交过所谓"包过费"。该驾校万某、廖某打着车管所的旗号，称考驾照非塞钱不可，包过费 300 元至 3000 元不等，交了钱的到考试时才会有安全员提醒，否则会故意设障不让考生过关。考生考过之后真以为是"凭关系考过的"，实际上都是凭自己真本事考过的，白白给了别人冤枉钱。

经查，该驾校有 40 名学员上当受骗，涉案金额 2 万余元。而这笔钱全部入了驾校万某、廖某二人的私人腰包。

五、税收红线

重庆綦江一驾校因偷税被查处

央广网 2017 年 6 月 26 日报道：重庆綦江区地税局稽查局在一次例行税务征管检查中，发现城区某机动车驾驶培训学校涉嫌偷税的违法行为，该局立即对此展开了调查。

据介绍，该驾校属于个人独资企业，主要从事机动车驾驶员培训及教练场经营。调查中，工作人员检查发现主要存在将收取的培训费用存放于个人银行账户、收取的代收费未纳入会计核算、设置两套工资表、不开具正式发票、使用收据等白条入账等涉税问题。对此,区地税局稽查局依照相关法律,对该驾校偷税的违法行为进行了查处。

"目前,不开具正式发票、不据实申报营业税和个人所得税的现象在城区部分驾校中一定程度存在。"区地税局稽查局相关负责人表示,由于财务制度不健全,不能按照权责发生制的原则来确认收入和申报纳税,驾校普遍存在现金交易多,成本费用列支随意性大等现象。同时,部分驾校资产产权不明,导致房产税和土地使用税申报不实或未申报等情况时有发生。

该负责人提醒,驾校作为纳税人,应如实申报缴纳税款,加强和规范财务核算,明确投资主体之间的关系,明确产权分配,及时申报缴纳相关税费。广大学员在向驾校缴纳相关费用时,也应当主动索取发票,以保障自己的合法权益。

广安市国税开展驾校行业税收风险应对工作 应补缴税75万

广安国税局2017年4月10日报道:为规范驾校行业税收秩序,广安市国税局采取"项目管理+团队协作"方式,充分利用第三方信息,完善驾校行业税收风险识别指标,着力构建行业税收风险应对指引,切实提高风险应对准确率,取得了较好成效。

一是加强典型调查。市局风险办与经开区局共同对驾校行业开展典型调查,了解全市各驾校目前的收费情况、经营中的自营、挂靠、承包等三种运行模式等行业特性,分析存在的涉税风险,梳理出在培训收费、成本费用列支、收入入账时间节点等方面可能存在的风险和应对措施,编制风险应对指引,为风险应对提供参考。

二是加强部门协作。以综合治税平台为依托,积极利用"互联网+"

拓宽信息渠道，在交通、公安等职能部门获取各驾校报名人数、考试信息、训练设施、培训规模和收费标准等信息，并建立长期沟通交换信息机制，为顺利开展驾校风险识别提供完整数据源。

三是加强风险分析。充分运用采集的外部涉税数据，结合"金三"系统中驾校企业税款申报、开票数据、财务报表等涉税信息，对照风险应对指引进行风险分析比对，精准锁定疑点对象，并根据风险等级，分别采取纳税评估、税务核查、纳税人自查等应对措施，提升风险应对准确率。

四是保证应对成效。针对各驾校对挂靠经营政策理解偏差和不愿自查补税的客观实际，统一税务行政执法尺度，采取"集中约谈+各个击破"的工作思路，积极开展对驾校行业的税收政策宣传与辅导，督促企业准确核算收入、成本、费用，正确计算缴纳税款，防止税款流失，促进驾校行业健康有序发展。

厦门驾校刮起查税风暴

《海峡导报》2013年6月19日报道：被称学车天价的厦门驾校市场，刚刚刮起一阵查税风暴，4年漏税金额加上滞纳金，数十所驾校补交税款从几十万元至几百万元不等。

和高调的学车费用相比，补交税款的驾校显得十分低调。"该交的还是要交的。"多名驾校老总看似平静地说。但这注定是一件让厦门驾培市场无法平静的事。由于漏税金额太多，部分驾校申请了"分期支付"。

消息一出，闻者大跌眼镜：这边是高昂的学车费用，那边是惊人的漏税金额，这反差也太大了！规范驾培市场，才刚刚开始。

驾校缴税主要采取的是自己申报、税务部门定期及不定期核查的方式,多位知情人士透露,此次查税时间跨度长,相当严厉。

彻查结果不容乐观。有驾校介绍,2008年时,他们只补交了几万元,这一次连同滞纳金补交了100多万元,"就这100多万元,在驾校里排名还是在倒数10名以内。"

记者了解到,此番补交最少的驾校也有几十万元打底,至于多的,多名业内人士介绍,达到几百万元,其中交得最多的驾校有6所。漏交税款被要求在3月底之前交完。由于有些驾校要交的钱实在太多,一时半会拿不出来,就申请"分期支付"。

附 录

南新华驾校经营管理咨询团队
培训班简介

1. "王牌教练员培训营"——每期八天,培训采取封闭式,淘汰制,培训对象为新老教练员,可以零星参加,建议集体报名,整体打造。

2. "驾校金牌客服培训班"——每期三天,理论联系实际,用经典案例、角色扮演、课堂讲授与演练辅导等方式为驾校客服主管及服务人员揭开驾校服务的真谛,从而有效地掌握驾校客服的核心技巧。

3. "驾校职业校长培训班"——以培养"五项全能"的职业校长为目的,旨在帮助驾校校长从管人、管事的琐碎事务堆里解脱出来,上升到建立体系、文化管理的层面。每期三天。

4. "驾校转型创新培训班"——此班的培训目的是为了解决驾校校长"老路走不通,新路不会走"的困惑,实现两个"回归",跨过四道"门槛",与时俱进,弯道超车。每期三天。

5. "驾校营销三十六计"——"战略篇"四讲、"战役篇"六讲、"战术篇"五讲。其中有招生之道,也有招生之术,而且术中有数,数中有术,环环相扣,系统立体,拿来能用,落地开花。小班开班,每期三天。

6. "驾校少帅培训班"——为驾校投资人的儿女倾情打造,小班开班,每期三天。分为"管理班"和"营销班"两个班型。由以往成功"上位"的"少帅"做助教。

7. "区县驾校携手共进合作共赢培训班"——这是一个由驾校投资人共同参加的培训,是一个结束恶性竞争促进和谐发展的培训,内容包含:合作的背景,合作的方式,合作的难点,合作的前景等。每期一天。